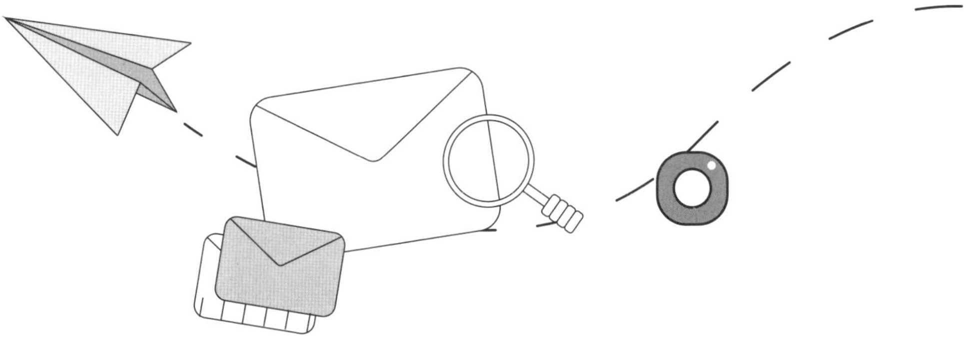

外贸技巧与邮件实战

International Trade Skills and E-mail Practice

第三版

刘　云◎编著

中国海关出版社有限公司

· 北京 ·

图书在版编目（CIP）数据

外贸技巧与邮件实战／刘云编著．—3版．—北京：中国海关出版社有限公司，2023.6

ISBN 978-7-5175-0696-6

Ⅰ．①外…　Ⅱ．①刘…　Ⅲ．①对外贸易　Ⅳ．①F75

中国国家版本馆CIP数据核字（2023）第106691号

外贸技巧与邮件实战（第三版）

WAIMAO JIQIAO YU YOUJIAN SHIZHAN（DI－SAN BAN）

作　　者：刘　云
责任编辑：文珍妮
出版发行：中国海关出版社有限公司
社　　址：北京市朝阳区东四环南路甲1号　　邮政编码：100023
编 辑 部：01065194242－7533（电话）
发 行 部：01065194221/4238/4246/5127（电话）
社办书店：01065195616（电话）
https://weidian.com/?userid=319526934（网址）
印　　刷：北京鑫益晖印刷有限公司　　经　　销：新华书店
开　　本：710mm×1000mm　1/16
印　　张：14.75　　字　　数：205千字
版　　次：2023年6月第3版
印　　次：2023年6月第1次印刷
书　　号：ISBN 978-7-5175-0696-6
定　　价：58.00元

第三版前言

光阴似箭，本书自初版至今已经 14 年了，第三版即将付梓。

如今虽然时过境迁，国际贸易形势也更加复杂，但中国外贸仍挑起了大梁，成为经济持续增长的重要动力。

我想起在写本书的初稿时，里面很多内容是在一边同外商沟通一边总结学习中完成的，当时充满了对外贸的浓厚兴趣和获得阶段性成功的喜悦，还有那种非常想和大家分享、帮助大家并受到肯定的劲头。如今，可能没有那股兴奋劲儿了，不过对以前的内容，我有了很多不一样的理解和解读。

虽然国际形势多变，但是外贸的一些技巧和经验是恒久不变的。本书第三版增添了一些进阶的技巧，并结合外贸发展适时更新，希望能够帮助到大家。

另外，感谢中国海关出版社有限公司的各位编辑，如果没有他们的帮助，我也没有办法完成第三版的修订。

刘　云

2022. 7

第二版前言

十分感谢各位外贸同仁的厚爱。只是一本小众外贸技巧书，却也有近两万册的销量，希望我的经验能帮助大家。

光阴似箭，距本书第一版出版已有 8 年之久，创作历程仍历历在目。虽然目前缺少了当初的热血和灵感，但是积累了沉着与冷静。虽然时过境迁，但是本书中的一些知识和经典案例稍加修改和更新，还是能为大家所用。

本次改版新增了一些内容，既有这 8 年我所悟出的一些新技巧，也有在时下的外贸领域里大家必须要掌握的方法。很多内容都是我在实操过程中总结出的经验。虽然本人已老矣，不过希望黔驴未技穷，分享出来的东西能对大家有所帮助。

另外，感谢中国海关出版社的编辑马超，没有她的帮助，我也没有改版之勇气。

刘　云

2017. 5

前 言

随着改革开放的深入，近年来外贸出口业务量以几何级数增长，但是外贸操作因其特殊性和烦琐性成为困扰外贸工作者的一大难题。很多大学生尽管在学校学习了比较多的相关课程，但在实际操作中仍无从下手，这使得他们满怀信心地走出校园却与企业格格不入，工作难寻。想要成为熟练的外贸业务员，往往要摸索到而立之年。

如何省时省力地将书本知识与市场结合，成为外贸新人必须掌握的技能。作为一个外贸从业者，我长期关注这个问题，并具备外贸实践经验，能够很好地将理论和实践相结合。

所谓纲举目张，本书在清晰地讲解外贸行业诸多知识的同时，以通俗易懂的语言解释实际操作的要点、难点，以便外贸新手能够逐步掌握知识，灵活运用书中所述的外贸技巧。

此外，本书完整分享了有代表性的与客户的往来邮件，并对邮件中的关键之处进行了评析；对于现实中经常遇到的问题，提供了经验和方法；通过邮件，总结出一些开拓业务、与客户有效沟通的技巧。

本书中的很多案例和技巧源于我的个人实践。部分操作案例曾在互联网上发表，引起过强烈反响且反馈信息过万。希望我的悉心总结，能使读者受益。

感谢王敏、赵邦强、王景忠、梁金水、蒋朝晖、刘晓东等各位外贸实战高手的参与，他们的文章使本书的内容更丰富、更实用。

刘　云

2008. 7

目录
CONTENTS

第一章　外贸入行必备 001

第一节　如何准备面试 003

第二节　以怎样的心态投入工作 006

第二章　用好电子商务 013

第一节　开发客户的商业信函 015

第二节　外贸类 B2B 网站使用技巧 019

第三节　如何依靠跨境电商平台打造国际版淘宝 020

第四节　如何做跨境电商网页设计 021

第五节　如何建立、维护和推广网站 023

第三章　外贸交易技巧 035

第一节　外贸流程简介 037

第二节　定位客户 039

第三节　培养客户 044

第四节　接待客户 067

第五节　寄样和辨别骗子邮件 077

第六节　如何规避风险 079

第七节　协助客户进行市场营销 082

第八节　有效跟进订单 089

第四章 外贸邮件的写作技巧 095

第一节 客户为什么会发询盘 097

第二节 回复询盘的时效性 098

第三节 如何回复第一封询盘邮件 098

第四节 回复客户邮件的原则 099

第五节 邮件的主题 101

第六节 邮件的格式 103

第五章 外贸邮件往来案例 105

第一节 外贸第一单 107

第二节 5 天成交的一个样品单 117

第三节 与客户建立友谊 128

第四节 和一个谨慎的客户做成生意 137

第五节 有关价格的精彩还盘 148

第六节 如何处理订单履行过程中发生的意外 155

第七节 关注细节，促成订单 170

第八节 如何应对不付款的客户 199

第九节 全力协助客户解决问题 212

后 记 221

第一章 外贸入行必备

CHAPTER 1

外贸属于一种销售与服务并存的行业，其门槛说低不低，说高也不高。它要求从业人员既要熟知产品价格、汇率等商业知识，又要掌握合同、运输保险、国际结算、报关、检验检疫及贸易纠纷等相关规定。另外，还要了解法律、会计学、营销学、心理学、管理学等相关知识。

接下来我将分享我的经历和经验，希望能够帮助大家快速入行。

第一节　如何准备面试

一、外贸公司的面试

实际上，在待过的几家公司里，我都帮助老板面试过求职者。结合实际情况，我认为外贸业务员需要满足以下几点。

（一）敏捷的思维和过人的自信

这一点只可意会，不可言传。

（二）良好的英语交流能力

英语交流能力并不是单指口语流利或者语法标准，还包括表达要简洁明了、通俗易懂。即使你通过了英语专业八级考试，也不足以证明适合做外贸业务员。如果你在信件或者电话中使用的晦涩单词让外国客户一句也不懂，那就失去了交流的意义。我们会要求英语科班出身的业务员求职者翻译信用证，测试他们对信用证和相关贸易条款的熟悉程度，以及对贸易英语的理解能力。

（三）掌握基础的外贸知识

贸易形式、付款方式、订单类型、产品报价等问题自不必说，面试时一般均会涉及，有时也会问到美国有哪些基本港口、"Rotterdam"（鹿特丹）和"Antwerp"（安特卫普）是哪个国家的港口、"CIF Bangkok"（曼谷到岸价格）是什么意思等。此外，还会问一些在实际操作中会遇到的问题。

（四）懂得换位思考

这一点也是很重要的，懂得换位思考才能掌握客户心理。

（五）具备办公技能

例如，打字、基本的办公软件操作等。

（六）有一定的电子商务能力

除了熟悉产品外，还要掌握电子商务方面的业务技能，包括制作广告文案、营销、处理邮件、传输图片等。

（七）了解应聘的公司和行业

很多公司希望招聘到专业对口或者是对公司产品有一定了解的员工。建议求职者事先浏览一下要面试的外贸公司的网站，做足功课，面试的时候简要地谈谈对公司产品和文化的认识。

很多外贸公司需要外贸业务员的原因是想开拓业务，所以对于求职者的要求不外乎两个：第一，熟悉公司产品；第二，熟手。如果不是熟手或者对外贸工作了解并不多，或英语水平和理论知识储备不够，就应该好好研究一下公司的产品、网站、目标市场。

（八）会维护客户

外贸公司的优势在于维护客户、服务客户，与客户共同发展。因为外贸公司在价格上无法和工厂竞争，所以维护和服务好客户显得尤为重要。很多老板很乐意听到求职者介绍在以往的工作中是如何让小客户成为大客户的。

（九）忠诚且稳定

公司都喜欢忠诚和稳定的员工，一个频繁跳槽或者将不安分都写在脸上的人是很难找到一份稳定的工作的。谈谈两到三年的职业规划，以及预计达到的目标，会让人觉得你是一个值得投资的人。

二、工厂的面试

工厂的面试一般比外贸公司的面试简单，工厂更看重求职者的工作经验，希望其能够即刻上手，短时间就能带来效益。

工厂的面试官首先会让求职者用英语介绍一下学习和工作经历，然后一般会询问是否熟悉产品和工厂操作流程，这是因为在工厂做外贸业务需要时时刻刻和生产部门打交道。

工厂的面试官非常看重求职者如何带客户参观工厂。求职者若能从产能、质量控制、生产优势、人员培训、展厅展示等方面对工厂进行专业的介绍，在面试中就比较有优势。

第二节　以怎样的心态投入工作

刚刚进入一家外贸公司应该以怎样的心态投入工作呢？以下“经验分享”板块介绍了一个外贸业务员的心路历程。

经验分享

我在深圳这家公司工作已经一个半月了，负责在B2B网站上做产品目录广告，在互联网门户网站发邮件，制作报价模板、产品目录模板、信函格式模板。现在的环境给了我充分的自由，我工作已经越来越顺手。一个多月里，我联系了20个客户，在谈3个样品单，邀请了3个客户参观工厂，几乎每天都可以收到回复的邮件。虽然现在还没有拿到订单，但是在一个陌生的环境中有以上的成绩，我已经很欣慰了。

一开始，我只有一个“info”的收费信箱，其他什么都没有。没有图片，没有详细的资料，没看过产品，没参加过展会，也没有尝试过B2B网站的付费服务。

刚进公司不久，老板给了我一份有上千个客户信息的资料。我在两个星期的时间里就发出了500封邮件。很多都是针对客户的具体情况而写的，绝不是一个模板，更不是群发。

可是这500封邮件基本没有收到回复，唯一的回复是“Please remove me from your distribution list”（请将我从你的分发列表中移出），所以接下来我就放弃了公司提供的所有资料。

我开始在B2B网站和搜索引擎上找客户。首先在www. ecplaza. com上做一个模板，然后将文字描述和图片保留下来，生成一个在线模板。其他B2B网站都可以套用，当搜索到新的B2B网站时，把这些资料复制上去就行了。ECPlaza 平台回复比较少，但是做出来的效果很好，附上漂亮的图片后就像一个经过美术加工后的网站。如果没有新的网站，可以暂时利用该平台。

网上宣传很重要，可以让客户找到你，和你取得联系。就实际而言，你联系上的 10 个客户不及 1 个主动联系你的客户。充分利用免费资源做宣传是非常便捷的方式。但免费平台上供应商很多，需要花费时间和精力筛选。

像 Google、AOL 等门户网站，或者 eBay 等零售贸易网站，选择一个即可。输入产品的关键字，然后打开标有零售价格的产品的网站，找到"Contact Us"（联系我们）或者是填写"Feedback"（反馈），如果运气好，可以找到大零售商。如果运气不好的话，发 100 封邮件都可能会石沉大海。

写信非常重要。你没有见过对方，对方也没见过你和产品，你又不是付费用户，所以邮件内容就非常重要，必须要专业。专业不仅体现在报价和宣传两方面，而且要从整体印象和布局着手。

例如，商业信函最好使用 Foxmail 或者 Outlook Express。可根据个人喜好挑选字体，我的邮件都是用 12 号 Arial 字体。价格内容用另一种字体标记。邮件末尾一定要有一个专业的签名。我的签名是从一位瑞典客户那里借鉴的：第一行是公司标志和一排热销产品，背景为蓝色，第二行是公司的英文名称、地址，最后写上手机号、座机号、传真号、E-mail地址和公司网址，看起来就像一张醒目的名片。

电子文档的目录模板用 Excel 表格来做比较好。我的模板的来源是一个国外客户发给我的订货单。我在其基础上改变了一些函数，就变成了报价单。做好模板之后，找工厂要详细资料，让他们登记出过货的装箱单的数据。然后根据国外网站上相关产品的描述，结合自身情况和产品材料将它改写成自己的产品资料。最后，加上自己公司的背景。虽然是"卖图片"，但客户在意的还是产品的质量。

善于用 Excel 表格的函数功能是非常重要的，不用列出物品的名称、颜色和数量，直接在 Excel 表格里改动或填上数字就可以得到想要的数据，这对客户来说是一种省力省心的服务。

以上文字道出了我的心路历程。虽然没有订单，但是我在不停地思考、总结、尝试新的办法。功夫不负有心人，看一看目前手里的客户，其实有很多是用文中提及的方法找到的。

经验分享

好的工作环境和人事关系是可以自己创造的

公司是有规则的，很简单，因为经济基础决定上层建筑。在规则内进行奖惩，也是符合客观情况、符合管理本质的。员工只有遵循规则，才能与公司磨合，做出成绩。

但是也有例外。你想打破规则，就要做到以下两点：第一，你为公司创造了大部分的收入；第二，你在公司里扮演着不可或缺的角色。做到这两点，你就可以去修改规则。

举个例子，我刚来现在就职的公司，3 个月内必须遵循公司的管理制度和规则，不然就会被淘汰。在这 3 个月里，我不停地发广告、找客户、发邮件。我的表现被有邮件管理权限的老板完全看在眼里。他原本对我说 3 个月没有订单就要走人，但在 3 个月后的一次会议上他对公司全员说，我是一个难得的人才，我的方法是全公司最新的，按照这种方法，就算我一年里拿不到订单，也绝对会有很好的成果。此时，我就已经打破了约束我的规则。我的工作方法也传授给了其他人。总体来说，第一，我起到了表率的作用；第二，我总结的方法提高了其他员工的业务能力。

3 个月后，我还是没拿到订单，但是老板也没辞退我，并且对我十分客气。

第一次找到客户是在 5 个月后，我拿到了一个小柜的订单。我盯准德国市场，而德国人的工作时间对应北京时间是下午 2 点到晚上 12 点。我希望在此段时间内工作，老板也同意我按德国时间工作。目前我已经是拥有 12 个德国客户的老业务员了。现在就算我第一天晚上 7 点下班，而第二天下午 2 点才来，也没有一个人会责备我。

如果你不遵循规则去做别人不敢做的事，挑战权威，或者在没有任何业绩的情况下提条件或者违反规定，注定会碰壁。

说了这么多，到底如何遵循进而打破规则呢？用下面几点说明也许更形象一点。

入职任何一家公司，首先要做的就是不要树敌，要做大家都喜欢的人。有时老业务员要求你做这做那，一方面是想让你为他分担事务，另一方面也是培训的一部分。就是说，他完全有理由让新人去做他们做新人时做过的事情。

在这个阶段，你要在做好本职工作的同时突出自己的优点。举例来说，我到公司之后，做过几件事。第一，我的 Excel 表格做得很美观，无偿与大家分享我做的报价、合同、利润分析表，在会议上和大家研究，并在事后分享到公用信箱里。第二，我的电脑维修能力较强，我帮助过两个老业务员，将他们电脑的运行速度提升了一倍。第三，我从老板那里收集客户的信息并总结，以书面形式呈递，谦虚地请老板修改。这就是说，在本职工作之外，我遵循了戴尔·卡耐基的付出原则，做了一个大家都喜欢并且需要的人。所以，我遇到什么问题，大家也会主动帮助我，并且觉得分享经验是种荣幸。

另外，还有一些细节，比如在人多的时候尽量不要出风头。每一个新人都要认识到：一起吃饭不要主动点菜，别人说话不要轻易插话，公众场合不要吸烟，不要顶撞领导，低调做事、谦虚做人。只有在所有条件成熟之后，在你熟悉整个行业之后，再尝试创新，打破潜规则。

你可以展现个性，但不要在管理者、同事中展现个性。工作台一定要整洁，文件夹要归类整理成档，抽屉里的纸张和日用品都要井井有条。客户资料也要在电脑里整理成档，各种各样的报价表、合同也都要整理成档。

永远不要认为别人应该像老师一样无偿教你。你应该让别人获得当老师的成就感，或者让别人觉得应该和你分享。同样，你也应该将你的东西与别人分享。

另外我想多分享一些，很多人做外贸只是为了收入和收益，甚至是为了安稳或者轻松。而在我们这些过来人看来，其实很多年轻人把敬业精神和对工作的热情给丢掉了。

刚入行时的我们，非常珍惜每一个工作机会，在工作的时候保持着热情和耐心，同时非常细心地学习。查互联网，看书，利用 MSN、GTalk 与外国客户聊天沟通并且汲取知识和经验。除了学习外贸知识外，还经常去工厂学习，并且做一些模拟练习，为的是在外国客商面前能用自信的眼神凝视对方，倾听对方的需求并且能够给出最好的方案，搭建最好的沟通桥梁，最终促成交易。

多次成交和几何倍数增长的订单，给你带来的信心和肯定是无价的，这些东西对于年轻人来说远远高于收入和收益。逐渐地，你也会因为这种内驱力而变得勤勉、敬业。

松懈和安于现状只会让你的逆商逐渐降低，人会越来越懒，也可能会被淘汰。即使再换一个工作，也可能就是这样虚度时光，浪费青春。所以工作时的心态非常重要。

我到了这个年龄，事业小有成就，可以“躺平”并轻松应对了，这完全得益于我年轻时长时间的拼搏和奋斗，曾经早九晚五重复地做着同一件事，只为找寻规律、积累经验。而找到一个好的持续盈利模式或者分成方案，再加上之前的积累，才有资格“躺平”。

而青年时期正是拼搏的关键期，怎能轻言“躺平”？我希望每个年轻人都能以这种心态去面对职场和工作，干一行爱一行，保持良好心态。

第二章 用好电子商务

CHAPTER 2

第一节　开发客户的商业信函

下面，我讲一讲商业信函的写作技巧。

刚开始写商业信函即开发信时，有一点很重要，就是不要一厢情愿地认为客户正需要你的产品。实际上，很可能客户对你的产品并没有需求。所以，你的邮件应该简洁明了，吸引眼球，否则就是浪费自己和别人的时间。

正确的开发信一般应简单介绍公司，表明做什么产品、有什么优势，并附上产品的图片及成功的销售案例等。下面是我比较常用的开发信。

例 1

Dear Sirs,

We have found your link at ebay. co. uk.

We are a modern furniture manufacturer from Shenzhen, China. We produce the same item as yours displayed on eBay. We have been in this line for 5 years and about 1 000 sets are exported per month to NYC USA. We also offer aniline dyed leather for this kind of chair. Delivery time including shipping costs approx 40 ~ 45days. Price for each with UK FR.

USD chair

USD ottoman

The 5% discount will be given if your quantity will meet 100 sets each month.

Material descriptions: we are doing all full leather, pipe, back, sides. And foam is all east Asian grey grade foam. Stainless steel is all #304 with 4% nickel never rusts material. New materials have been imported from Korea.

We also have other modern furniture items in our website www. modernclassic. cn, where you may also find some hot sales items. You can start business on eBay. We hope that we can do business shortly.

Many thanks and kind regards!

Mit freundlichen Grüssen aus Shenzhen!

Respectfully,

Joe Lau

这里的“Mit freundlichen Grüssen aus Shenzhen”是德语。针对不同国家的客户，“诚挚的问候”也分为不同的写法。虽然不是说每一个细节都必须如此注重，但是注重这些别人没有察觉到的细节，是让你的成交率提高的一个技巧。

再给大家分享两封针对外国客户的开发信。

例 2

Hello,

We have in stock an offer of miscellaneous styles of Children's Clothing, and all descriptions are attached here.

We kindly ask you to evaluate the whole offer which must be sold out in the EU countries. Price is EURO 0.65 each single piece for 380 000 pieces. See inventory in the attachment.

WILL YOU PLEASE COME BACK TO US ASAP?

If you do not make this type of product, please inform us of your line of business and products to update our data base.

We have no intention to "spam" any person or company. It is intended for the person or company whose name has specifically been mentioned in this E-mail.

If you do not wish to receive any furthered mails from us, please write the word REMOVE in the subject field by sending reply to us. We do apologize for any inconvenience.

All the offers which we propose to you are in LIMITED DURATION. It is evident that the first supplies the complete documents and the rulers, the first served.

Maurice

例3

Dear Joe,

Thank you for your quick reply. We have been producing tables and dining furniture since 1962 basically in wood. Did you have a look at our web site? Under the image gallery you can see the new collection, maybe you can find something interesting for you and your customer!

Looking forward to hearing from you, I hope that we can start a business relationship.

Best regards,

Francesca Magana

邮件解析

1. 开发信要突出产品的优势。

（1）价格便宜，工厂生产能力强，有库存，交货期短；

（2）以附件方式发送货物描述，包括产品的一些细节图（与 eBay 上的产品描述一样）；

（3）主动表达合作意向。

2. 对被打扰的客户表示歉意。

3. 做好随时被拒绝，邮件被扔进垃圾箱的心理准备。

第二节　外贸类 B2B 网站使用技巧

我注册的 B2B 网站不算多，而且全部是免费的。从我的使用情况来看，常用网站的使用率如下表所示。

表 2－1　常用 B2B 网站使用率

网站	Alibaba	Made-in-China	Tradekey	Tradebig	ECVV	Importers
使用率	40%	20%	20%	5%	2%	2%

虽然现在 B2B 网站还在不停地增加，但是有效果的屈指可数。如何找到一些比较适合自己的 B2B 网站作为推广平台呢？

观察 B2B 网站，可以观察其注册人数、产品数量。比如，Alibaba 有上万个“PRODUCTS”，近百万条“TRADE LEADS”。从 1∶100 的比例也看得出来，Alibaba 上的询盘主要源于“TRADE LEADS”，而 Made-in-China 却相反，询盘主要源于“PRODUCTS”。因为这两个网站主页的搜索引擎不一样。所以在选择 B2B 网站的时候也可以专门进行比较，除了排名以外，研究一下网站的实力和优点，为得到有效询盘打下基础。

免费的 B2B 网站如何操作呢？其实很简单，注册、登录、发布产品、发布买卖信息，和论坛一样简单。当然注册大的 B2B 网站也有一些小技巧，如果你有 20 个产品，而 B2B 网站只允许上传 10 个，你就可以考虑注册两个不同的公司，发布两套产品。不过前提是你有两个后缀名完全不一样的信箱、两个不同的电话号码，以及完全不一样的公司描述。一般客户搜索到的都是你在 B2B 网站主页的“PRODUCTS”或者“TRADE LEADS”里的信息，不过同一个关键字可以搜索到很多同类产品，所以产品的图片一定要漂亮，描述要简洁，再加上一些促销的短语，例如“买多少有折扣”“颜色可供选择”“有现货”之类的。当然，也可以适当加一些其他产品关键字，以提高被搜索到的概率。

现在一般的 B2B 网站都有专门放关键字的地方，所以可以尝试每周根据询盘数量修改关键字，隔一段时间更新一下内容和关键字，更新一下排名，将过期的信息重新修改后再投放一次。

如果产品很多，也可以采用一张图片放多个产品的方式插入 B2B 网站的产品发布系统，在一个对话框里加上所有产品的描述。关键字也应分散设置，以确保 5 种产品的买家搜索 5 个关键字都能找到这条信息。像 Alibaba 只允许放 5 个产品，如果每张图片放 5 个产品，一共放 5 张图片，就相当于在 B2B 网站上放了 25 个产品。

第三节 如何依靠跨境电商平台打造国际版淘宝

B2C 是“Business-to-Customer”的缩写，中文简称为“商对客”。B2C 是电子商务的一种模式，也就是通常说的跨过经销商和代理商直接面向消费者销售产品，在不同关境的交易主体之间以电子商务达成交易（在线订购、支付结算并通过跨境物流递送商品、清关、送达）的一种国际商业活动。

跨境电商发展迅速，目前我国 B2C 跨境电商平台有全球速卖通、兰亭集势、敦煌网等，当然淘宝网上的产品也可以通过顺丰快递发往其他国家和地区。

国外的跨境电商平台，除了亚马逊和 eBay，大家可能比较熟悉的是来赞达（Lazada）。它是东南亚最大的网上购物商城，由阿里巴巴控股，辐射整个东南亚市场。美国的新蛋网（Newegg）、百思买（Best Buy）、沃尔玛（Walmart）及团购网（Groupon）等 B2C 网站也已经有中国商家入驻。

注册一个拥有进出口资质的公司，才能开展跨境电商业务。国内很多中小企业或者自营商家，只能选择国内的一些平台，如敦煌网、全球速卖通等。全球速卖通要求上传公司营业执照，使用淘宝的规则奖勤罚懒，采用年费制度，达到一定的销售额便可减免或全免年费。

跨境电商的操作其实与淘宝大同小异，全球速卖通甚至支持店铺一键搬家。因为跨境电商受制于运输，所以像家具等大件的产品基本没有任何优势。因为国际快递路途远、耗时长、转运多，一些易碎品或者保质期较短的食品等很容易受损或者变质，而比较精密的包装必定会增加体积，从而增加运输成本，失去价格竞争力。所以跨境电商更加适合电子产品、衣服、生活用品、书籍、化妆品等小型、不易碎、保质期长、低值易耗的产品。

如何做好跨境电商呢？实际上并不难，它和 B2B 一样，需要以下几个步骤。

1. 注册。按照实际情况填写好各项表格，提交审核。

2. 上传产品。将产品信息传上去，标记好价格、交货期和产品参数。

3. 设置运费格式。具体可以采用全球速卖通的运费模板。

4. 运营。更改参数，优化页面，上新款。

5. 推广。使用营销工具（如全球速卖通的直通车）进行推广。

6. 如果店面做大了，建议聘请专业美工美化店面、优化详情页，聘请代理运营推广人员负责运营，将自己的主要精力放在新品开发和管理上。

第四节　如何做跨境电商网页设计

跨境电商网站作为公司、企业、卖家在海外市场的形象，是跨境营销的基础。如果没有一个好的形象，客户对你的信任度会降低。所以无论是在国内还是国外，店铺装修是至关重要的，一个装修好一点的店铺会传递给买家更可靠、更专业、更安全的信息，间接提升转化率。特别是对详情页的“装修”，除了系统自带的关联模块外，还可以设计更符合店铺风格的自定义模块。

跨境电商网站的设计必须贴近外国客户的喜好，主要表现在审美、浏览习惯、购物方式等方面。如果这些无法满足的话，外国客户进入网站后的体验就会不好，肯定就没有询盘或者订单了。

如何做跨境电商网页设计呢？对于没有设计团队和设计经验的卖家来说，这可能会有一定的难度。在没有任何基础的情况下，我一般会建议卖家先去购买一些模板，然后请一些兼职美工或者网页设计服务商帮忙制作。一般外商都比较喜欢简洁明了、功能齐全的页面设计风格，所以布局一定不要太复杂。另外，做多语言页面是有必要的。

详情页的设计方面，最好能够借鉴一些国外网站的风格，比如苹果的官网，大气磅礴，文字小巧，使用一些简图来承担复杂的功能，通俗易懂。如果你有一个很好的设计灵感，可以把这个版面给到店铺网页设计服务商，让他按照这样的风格和模板做出来就可以了。但你需要全程跟进，因为美工和网页设计服务商实际上是不懂产品的，产品的参数、卖点等必须你自己来做。

运营和营销方面，网页设计的初衷就是提高店铺的曝光量，所以当你找到爆款产品的时候，一定要做好关联营销，将曝光量排名前十的产品关联在浏览量最高的页面上，千万不要浪费浏览量。就好像你去看淘宝页面，很多详情页开头都会有一些关联产品。关联模块到底是放前面好还是放后面好，要根据这个商品的销量情况去确定。那些转化率特别高的商品应尽量放到页尾，这样可以尽量避免流量丢失，同时保住转化率；转化率特别低但是访问量高的商品应放到前面。建议通过商品分析看一下转化率低的原因，适当修改标题、关键词、详情页和价格。对于曝光量突增的新品，一定要给橱窗、优化，可以的话让它参加店铺活动，这种商品都是潜在的爆款。

一般 B2C 网站也会有一些辅助服务，比如全球速卖通的直通车。这些需要你根据具体情况具体操作，进行这些操作对产品和品牌的曝光是有好处的。

第五节　如何建立、维护和推广网站

一、确定域名

有了建立网站的念头，第一件要做的事是确定域名，即第一时间将域名注册下来。选择域名时，如果有实力做自己的品牌的话，可以选择自己的公司名。一般建议采用产品名为域名，一方面，让客户一目了然，看域名就知道产品是什么；另一方面，有利于后面网站优化和推广。

确定域名时，除了要方便用户访问之外，对搜索引擎而言，还涉及域名中是否包含关键词的问题。英语网站如果域名中含有关键词，或以复合关键字作为域名，都应该用短横线隔开，比如应该是“www. yadea-furniture. com”而不是“www. yadeafurniture. com”。这是因为搜索引擎通常会把分隔符“-”当作空格来看待，因而能够识别出你的关键词，为网站排名加分。被横线隔开后的关键词还可以获得更多的词组搜索结果，比如“yadeafurniture”会被认为只有一个词，而“yadea-furniture”则会被看作词组“yadea furniture”。

其次是后缀，到底是选“. com”还是“. cn”又或者是“. net”？其实以个人经验来看，“. com”或“. cn”都可以。如果虚拟主机放在国外的话，首选“. com”。在大部分人眼里，“. com”是代表国际性的，是国际贸易的一种象征。不过，随着中国贸易地位的提高，越来越多的外国人到中国来采购，当他们看到“. cn”的域名时就知道这是中国制造，这样也能引起客户的注意。也有外国客户会用“产品名.cn”作为关键词进行搜索。

二、选择互联网服务提供商

选择互联网服务提供商要考虑四个方面。第一，互联网服务提供商的信誉。大部分情况下是共享主机，如果 IP 下有一个网站作弊，那么搜索引擎会对该 IP 下的所有网站进行惩罚。第二，服务器的稳定性及速度。第三，空间容量。第四，邮箱服务。一般来说，建议选择中国的互联网服务提供商，便于后续的沟通和管理以及技术帮助。如果英语能力足够应付沟通的话，也可以选择国外的服务器，其空间容量大，而且价格也很便宜。在网上可以搜索到很多口碑不错的国外的互联网服务提供商。无论是选择国内的还是国外的，一定要选择专业稳定的互联网服务提供商，保证网站 24 小时快速、可靠、稳定地运行。

三、建立网站

建立网站的方法有很多。做简单一点的网站的话，将要放到网上的内容用 Word 或 Excel 编辑排版好，另存为扩展名为“.xml”或“.html”的文档即可。后续的优化工作可以用写字板来完成。

想把网站做好一点，要学会两个软件：Macromedia Dreamweaver 和 Photoshop。Macromedia Dreamweaver 用于网页排版。使用它只要学会三方面技能即可：一是新建，包括新建文件、新建模板文件；二是插入表格、编辑表格；三是看简单的代码。Photoshop 用于商标制作和对产品图片的处理和美化。

建立网站首先要做好规划，不仅从美观、创意和实用的角度考虑，还要结合搜索引擎操作规则及以往的经验来确定结构、形式和内容，这样对以后的优化工作会起到事半功倍的效果。

从推广的角度来看，网站最好使用静态网页，不用动态网页。目前很多网站均有数据库驱动生成的 URL（统一资源定位符），即动态 URL，往往表现为 URL 中出现“?”“=”“%”，以及“&”“$”等字符。尽管很多搜索引擎均表示对于静态网页和动态网页的收录是一样的，但个人认为动态 URL 极不利于搜索引擎抓取网页。我们可以通过技术将动态 URL 转化成静态形式。这样的网站不但便于创建者很好地管理网站产品，也会给以后的维护工作带来很大的便利。

四、目录和文件命名

根据关键词无所不在的原则，可以在目录名称和文件名称中使用关键词。但如果是关键词组，则需要用分隔符分开。我们常用连字符“-”和下划线“_”进行分隔，例如“ball-chair. htm”或“ball_chair. htm”。但不要使用空格，如果命名时中间是空格，就会变成“ball20% chair. htm”。

URL 应该越短越好。有人单纯为了增加关键词而额外建一个带有关键词的子目录，改变目录结构，但由于 URL 中含有关键词对排名提高帮助并不大，因而这种做法是多此一举。

五、目录结构和 URL

URL 是统一资源定位符，即每个网页的网址、路径。网站文件的目录结构直接体现在 URL 中。清晰简短的目录结构和规范的命名有利于用户体验和网址传播。

对于小型网站来说，一般只有一层子目录，例如“www. modernclassic. cn/index. htm”，“modernclassic. cn”是域名，“index. htm”是文件名。但实际中往往有二到三层子目录，搜索引擎也会去抓取二到三层子目录下的文件，但最好不要超过三层。不过在以下情况下，即使深入第四层甚至更深层次的页面，也同样能被搜索引擎抓取到：

1. 该页提供了重要内容，有大量来自其他网站的外部链接；
2. 在首页上增加一个该页的链接，可以通过首页直接到达；
3. 有其他网站在顶级页面上链接了该页，其效果就好似你在自己的首页上做了该页的链接。

此外，图形、脚本、CGI-BIN 和层叠样式表（CSS）需各自建立专门的目录，一般不要放在根目录下。

六、网站导航结构

网站导航用来指引访问者浏览网站内容，得到最基本的信息，是评价网站专业度、可用度的重要指标。搜索引擎也有诸多提示作用。设计网站导航时应注意以下几点。

（一）主导航醒目清晰

主导航一般体现为一级目录。访问者通过一级目录和搜索引擎层层深入，访问到网站所有重要内容。因此主导航必须放在网站首页的醒目位置，并且最好采用文本链接而不用图片。

（二）路径明确

路径是用户通过主导航到目标网页这一访问过程中的提示，使用户了解所处网站中的位置而不至于迷失“方向”，并且方便回到上级页面和起点。路径中的每个栏目最好添加链接。即使没有详细的路径，也至少应该在每个子页提示返回首页的链接。

（三）首页突出

除了主导航，还应该以链接的方式在首页或其他子页中多次呈现次级目录中的重要内容，以突出重点。搜索引擎会对这种一站内多次出现的链接给予充分重视，对网页排名提高有很大帮助，也是每个网站首页的网页级别一般高于其他页面的重要原因。

（四）使用网站地图

网站地图是辅助导航的手段，最初是为用户设计，以方便用户快捷到达目标页。良好的网站地图设计常常以网站拓扑结构体现复杂的目录关系，具有静态、直观、扁平、简单的特点。多采用文本链接，不用或少用修饰性图片，以加快页面加载速度。网站地图在搜索引擎优化中也有重要的意义，尤其对于那些采用图片导航和动态技术生成的网页。在网站地图中进行文本链接，可在一定程度上弥补网页内容提取和分析程序，即通常所说的蜘蛛程序因无法识别图片和动态网页而造成的页面不可见的漏洞。

网站地图也要突出重点，尽量给出主干性内容及链接，而不是所有细枝末节。一页内不宜放太多链接。Google 明确提出，“如果网站地图上的链接超过 100 个，则最好将网站地图拆成多个网页”。

七、网站页面结构

很多人为了节约制作时间，采用同种结构模式制作所有网站页面，但一般主页的页面结构最好不要跟其他的页面结构相同。利用模板做页面最简单和方便，在接触 DIV + CSS 前，我一般分三个级别用两个模板制作页面。一级页面一般是主页面，包含公司信息、联系方式和网站地图；二级页面为产品分类，单独做一个模板；三级页面为单个产品的页面，单独做一个模板。这样一方面有利于管理网站，另一方面会让访问者更容易识别自己访问的位置和内容的主次。模板又区别于框架，框架页是在 CSS 出现之前被引入互联网的，目前大都不用框架页，搜索引擎在处理使用框架页管理的网站时会遇到麻烦，很多搜索引擎，比如 Google，会跳过框架页内容而对没有框架的内容进行索引。对于预先定义的基于框架页的区域，编写代码和设计页面都可能成为问题：如果页面布局设计得很糟糕，用户在单独浏览这些页面的时候就会有麻烦，浏览体验会非常不好；在将站点加入收藏夹时，通常会收录整个框架集，而相关内容却被忽略了，因此用户很难找到所需的内容；另外一个问题是打印，不过好在大部分浏览器允许用户选择打印整个框架集或者单独的框架页。

如果你对代码比较熟的话，用 DIV + CSS 可以缩减页面代码，而且结构清晰，更容易被搜索引擎搜索到。它和模板一样可以缩减改版时间，更好地控制页面布局，同时也可以用到模板当中来。

八、网站内容

（一）图片

在网站上推广产品时，最忌讳的就是使用 Flash，其次就是占内存大的图片。图片过大会直接延长页面加载时间，如果超过 20 秒还不能加载显示，用户极有可能离开你的网站。因此，除非你的网站内容以图片为主，比如游戏站点，否则尽量避免使用大图片，更不要采用纯图片制作网页。

搜索引擎不能抓取图片，因此制作网页时在图片属性 Alt 中加入关键词是对搜索引擎友好的办法。搜索引擎会认为该图片内容与你的关键词一致，从而有利于排名。每个图像 <IMG> 标签中都有 Alt 属性，搜索引擎会读取该属性以了解图片的信息。因此最好在所有插图的 Alt 属性中都加入文字描述，并带上该页关键词。

总之，网站图片优化的核心有两点：第一，增加搜索引擎可见的文字描述；第二，在保持图像质量的情况下，尽量压缩图片文件大小。虽然这对 Google 排名作用非常微小，但还是要做。

（二）文本

网页正文是最吸引人注意的地方。正文内容必须有所侧重，用户阅读习惯形成的阅读优先位置——从上到下，从左至右——是重点内容分布区，包括页面顶端、左侧。如果在这些地方出现关键词，对排名会更有帮助。如把一段含关键词的文本介绍置于网站最顶端，会让用户以最快速度了解该网站内容，另外，以蜘蛛程序重视的 <b> 黑体显示，对排名提高作用很大。相关代码如下：

```
<div align = “left” >
<p class = “style120” > <font color = “#FFFFFF” > <strong >
Yadea Goal </strong > <br >
Each consumer could furnish their home with affordable and durable <a
href = “ShowRoom. htm” >modern classic furniture </a > <a href = “prod-
ucts. htm” > </a > </font > </p >
```

除了在导航、网站地图、文本中有意识地使用关键词，还可以人为增加超链接文本。如家具网站可以通过加上“furniture”“modern classic furniture”“modern classic furniture of China”等含有“furniture”的链接。在网站首页添加友情链接时，链接对象中最好有包含你的关键词或相关语义的网站。

（三）页眉标签

搜索引擎比较重视标题行中的文字。用 <b> </b> 加粗的文字往往也是关键词出现的地方。

为搜索引擎准备的元内容代码如下，可以根据需要替换成自己网站的内容。

1. 网站的版权信息：

```
<meta name = “copyright” content = “www. modernclassic. cn” / >
```

2. 网站的简要介绍：

```
<meta name = “description” content = “ descript our main products of
China Yadea Modern Classics Furniture” / >
```

3. 网站的关键词：

< meta name = “keywords” content = “furniture，modern classic furniture，Barcelona chair” / >

九、关键词的选择与优化

首先确定关键词，再围绕关键词进行排列组合，产生关键词组或短语。对企业、商家而言，关键词就是经营范围，如产品名称、行业、品牌名称等。总结起来，选择关键词有以下技巧。

1. 站在客户的角度考虑搜索产品时将使用什么关键词。这可以从众多资源中获得反馈，例如从客户、供应商、营销人员那里获得，还可以从一些统计工具中获得。

2. 将关键词扩展成一系列词组、短语，不要用单一词汇，而是要在单一词汇的基础上进行扩展。如“furniture”扩展为“modern furniture”再扩展为“modern furniture shenzhen”。英语关键词可以采用搜索引擎 Overture 的著名工具 Keyword Suggestion Tool 进行检测，查看关键词在过去 24 小时内被搜索的频率，最好的关键词是没有被滥用而又被很多人搜索的词。中文检测工具有百度的“相关搜索”和 Google 提供的 Keyword-Sandbox 工具，可以进行关键词匹配和扩展。

3. 进行多重排列组合，改变短语中的词序，以创建不同的词语组合。使用不常用的组合，包含所卖产品商标名和品名的同义词、替换词、比喻词和常见错拼词。或者使用其他限定词来创建更多的两字组合、三字组合、四字组合。

4. 参考竞争者使用的关键词。查看竞争者的关键词可能会让你想到一些漏掉的词组。但不要照抄任何人的关键词，因为你并不清楚他们为何要使用这些关键词。参考别人的关键词只是对你已经选好的关键词进行补充。

查看竞争对手关键词的方法是在浏览器中打开目标网页，然后点击

"查看"—"源文件"—< meta name = "keywords" content = "×××，×××，×××，" >。"×××"即该网站的关键词，每个关键词用逗号隔开。

5. 不用与自己无关的关键词。

6. 控制关键词数量。一页中的关键词以不超过三个为佳，所有内容都围绕这几个关键词展开，才能保证关键词密度合理。搜索引擎也会认为该页主题明确。如果确实有大量关键词需要呈现，可以分散写在其他页面并针对性优化，让这些页面也具有首页的效果。这也是首页和内页的关键词往往要有所区分的原因。在拥有不同的产品和服务的情况下，应对每个产品进行单网页优化，而不应将其全部罗列在首页上。

7. 确定关键词密度。在确定了关键词之后，需要在网页文本中适当出现这些关键词。关键词在网页中出现的频次，即关键词密度（Keyword Density），就是在一个页面中，关键词占该页面中总文字量的比例，该指标对搜索引擎的优化会起到重要作用。关键词密度在3%~5%较为合适。切记避免堆砌关键词，即一页中的关键词不是根据内容的需要而安排的，而是为了讨好搜索引擎人为堆砌的。这已经被搜索引擎归入恶意行为，有遭到惩罚的危险。关键词的分布原则是虽无所不在，但有所侧重。

十、搜索引擎推广

网站建成后，首先要做的就是让网站早点被搜索引擎收录，早点让访问者找到自己的网站并获得一些流量。

大家最先想到的可能是向各大搜索引擎提交自己的网站，比如向Domz、Yahoo、Google提交自己的网站，但是这种方法已经很难让搜索引擎在两三天内就收录网站。最好的办法是与更新较多的网站建立链接。Google会每天漫游这些网站并更新其数据库，当Google漫游这些网站时发现了你的网址，就会顺着网址抓取你的网站。一般的方法是上论坛或允许评论的网站，做个签名带上自己的网址，发几个帖子或评论。但这种网址一定不要是死链接，一定要点击后就可以直达你的网站。

还有很重要的一点是每天更新网站。一个长期没有更新的网站，无论是用户还是蜘蛛程序，都会减少对它的访问。更新越频繁，蜘蛛程序光顾越多，你的新信息出现在搜索结果首页的机会也越大，被抓取到的网页数量也越多。可以建一个网站建设与优化的备忘录，不断总结经验，从各个方面结合搜索引擎的规则对网站进行更新。

网站的链接在搜索引擎排名中的作用已得到广泛的认同和重视。即使你没有在 Google 上提交你的网站，但与其他网站建立了链接，Google 也可能收录你的网站。而且搜索引擎完全可能依据链接广泛度决定你的网站排名。

（一）内部链接

内部链接指同一站点内网页之间的相互链接。网站的目录和网址、导航结构、页面结构要清晰，对重要的页面要来回反复地交叉链接。这样做的目的，是让搜索引擎的蜘蛛程序知道这是你最重要的页面。交叉链接网页还会帮助蜘蛛程序更快地找到你的重要页面并将之编入索引，尤其当有些页面被深埋于网站内时，这一点非常重要。内部链接不能出现死链接，要适当地给网站内容中的重要关键字、词加一些链接，尤其是首页的关键词，这样 Google 就会认为链接的这个页面是很重要的。

内部链接中最重要的是导航链接，它是搜索引擎蜘蛛程序向下爬行的重要线路，也是网页之间互通的桥梁。强烈建议使用文字链接，不要用脚本语言的方式实现网站导航。如果用搜索引擎模拟爬行工具检测爬行到的网址，你会发现网站导航中的链接对于搜索引擎来说是看不到的。同样不建议使用脚本语言代码实现下拉菜单，如果一定要用的话，至少要确保鼠标划到导航区域的时候导航链接是一个文本链接，而且是可以点击的。同时，建议在网页底部增加一个包含所有栏目的文字链接区域。

（二）外部链接

链接广泛度非常重要，同时外部链接需要不同的 IP 地址，否则会被认为是作弊，防御机制会忽略这些外部链接。外部链接的链接文本不能是一成不变的，而应是多样式的。我们需要做的是在链接文本中体现网站的关键词，但这种策略未必要求一定要完全匹配关键词，就像关键词“modern classic furniture”，有些外部链接的链接文本可能只有“modern”这个词有所体现，而另外一些链接文本则可能只体现“furniture”或者链接周围存在的文本文字。

建立外部链接，一要选用关键词为文本链接词，二要保证链接网站的质量和相关性，三要尽量使链接简单化和易操作。

寻找能够发表你的文章的网站，并不断地写高质量文章，这是使搜索引擎收录网站最好的办法。如果你的文章被其他网站转录，网站排名的影响力就更大了。

论坛发帖，一般性回帖的效果是不太好的，要发与自己经营范围、产品相关的主题帖。一般情况下，我会选择在英语论坛上发帖，最好不要发广告帖，因为很容易被删除。帖子的内容最好是比较含蓄的，不要有过多的文本链接。

（三）链接的类型

1. 搜索引擎链接。可以通过购买获得，重点登录一些可信度高的搜索引擎（Yahoo、Dir、MSN、SBD、BOTW）。在你获得了许多链接之后，再考虑其他搜索引擎。

2. 新闻稿链接。寻找提供出版服务的网站，提交你的新闻 RSS 或博客聚合链接。很简单，写博客就行了。

3. 评论链接。在其他网站或博客留下一些有价值的评论。不要一下发布许多评论，甚至垃圾邮件。所有这些能发布链接的地方，一定要带上相关的链接，最好是有关键词链接到自己网站的首页或重要页面。可以通过产品的关键词链接到相应的产品页面，如“modern classic furniture”，我就会将它链接到我们网站的主页或者产品展示页，像“ball chair”，我就会将它链接到球椅产品的详情页。有的网站是不可以直接放链接的，可以试着放一些代码，也可以制作一些文本链接。

第三章 外贸交易技巧

CHAPTER 3

第一节　外贸流程简介

一、电汇（T/T）付款方式的基本流程

1. 接到客户询盘，通过邮件来往确认订单、交货期、付款方式。

2. 做好形式发票，盖章签名扫描给客户，或者直接发送 Excel 表格的形式发票让客户回签，并去银行付款，传回水单。根据水单安排生产，生产过程中拍摄图片发给客户，让客户放心。

3. 生产完成前一个星期，找船公司订舱，与客户确定港口和联系方式，以便货柜到港后联系。

4. 散货和样品一般进外贸监管舱，柜货一般在工厂或者仓库装卸，然后直接拉到码头。

5. 装完货后拍摄装柜图、柜尾图、封条号并将其传给客户，尝试让客户付款。如果客户不同意的话，可以等拿到提单后再扫描给客户要求付款。

6. 款到后，将提单、装箱单和商业发票寄给客户。另外，有的客户需要原产地证。若款已齐，如果觉得国际快递太麻烦，可以和货代商量

安排电放，但需要签放保函。

7. 货柜到港后，客户提货，交税，并将货柜提到仓库。

8. 客户反馈情况，订单成交。

二、信用证付款方式的操作流程

1. 告知客户我方公司的地址、货款金额、银行账号、SWIFT Code（由环球银行金融电信协会提出并由国家标准化组织通过的银行国际代码，简称“银行国际代码”），以便其开具信用证。

2. 由客户委托的银行开具信用证给我方委托的银行。我方委托的银行收到信用证之后，我方公司先审一遍，然后根据最后的装船期确定生产单。如果有任何霸王条款或者无法实现的条款，可以和客户协商改证。

3. 确认信用证后，开始安排生产，并在生产完成前一星期订舱，和电汇（T/T）付款方式的流程一样。生产完成后，在要求的期限内装柜。准备好客户所需要的发票、装箱单、汇票，注意要完全按照信用证上的细节要求做单，比如发票和装箱单上要有信用证号码，出提单时提单上的一些格式必须完全按照抄信用证，即使单词拼错也必须与信用证一致。

4. 做完单以后要再次与信用证仔细核对，确认完全没问题再交给银行，这时有问题不用太害怕，因为银行还会再帮忙完全核对一遍，如果有问题还会退回来让我方更改。

5. 船开后，客户委托的银行会向我方委托的银行付款，以便赎单，然后我们就可以收到全款了。

三、跟客户谈信用证时需要注意的问题

1. 信用证是即期的，而且是不可撤销的。

2. 提供正确的受益人资料（发货公司的名称和地址）。

3. 交货期谈长点，这涉及最迟装运期，一般至少要在收到信用证后40～45天，以免发货时错过一船而要延期一个星期，或货备好的时间与开船时间相隔太远。

4. 交单日期一般是开船后15～20天，不能太短，以免交单不及时。

5. 信用证到期地点最好在中国，因为有时无法控制开证行何时收到单据。

6. 货物描述要简单明了。

7. 如果是客户指定货代，最好问一下他们货代在签名盖章时能否表明自己与承运人的关系。

8. 收到信用证的审单时，要一条一条审，确保每一条发货人都可以做到且没有任何疑问。

9. 做单和交单均全部按信用证要求。

当然，能不用信用证付款方式尽量别用，因为信用证付款方式操作麻烦，手续烦琐，费用昂贵。我曾经也是在无法拒绝的情况下才使用信用证付款方式的，并在一开始要求客户必须使用世界五百强的银行，而且信用证付款方式产生的费用要双方分摊，这样才肯接受信用证付款方式。

第二节　定位客户

要销售就必须有客户。外贸也一样，找不到客户，产品滞销，业务员没有业绩，公司就会亏损甚至倒闭。所以不管是工厂还是外贸公司，定位客户、培养客户、维护客户是一个必不可少的过程。

一、客户的分类

我成交的客户主要分为以下几种。

（一）个人（家庭）用户

这类客户主要是买来产品自用，由于进口价格大大低于当地零售价格，所以通过进口方式购买产品。

（二）商店用户

因为你的产品比较有前景，这类客户便尝试进口你的产品来试行销售，如果销售不错便会长期下单。但是不同商店根据仓库大小和库存风险承担能力的不同，每次进货的数量也不一致。

（三）零售商

零售商的规模一般比商店大，会有比较大的仓库，还会有专业的发货员。它们将进口货物作为样品展示给客户看，一般会卖给商店和小零售商。中型零售商一般等同于 eBay 的商店，量比较大。大型零售商的订货量就更多了，不过一般一次散货可能会拼很多款式。

（四）批发商

批发商分为小批发商和大批发商，它们的销售渠道十分稳定。小批发商会定期下订单，并且供应给一些稳定的客户和零售商。大批发商一般会有比较大的采购计划，一年会有一个基本的量，然后根据销售情况拓展更多的业务。不过大批发商的生意也比较难做，它们的专职采购不仅要在市场上比较各种产品的价格、质量，还要对生产型企业做总的评估。一般批发商第一次成交会是一款或几款产品的样品单或散货，第二次成交则每款产品都会有数量可观的订单。

为什么客户要买样品呢？这个问题没有固定的答案，客户的回答一般是“我们需要大货前样”“看看质量如何，测试一下市场”“布置展厅”之类的。

客户一般是遵循“样品—散货—拼柜—整柜”的方式成交的，不过也有可能按“整柜—散货—样品”的方式成交。我有几个客户就是先下整柜后买样品的。

样品单和散货的包装要经得起考验，因为它们会和不同的产品装在一个货柜里，排列组合是不规则的。不仅在运输途中可能会上下转运多次，而且到目的港后有时也会转运多次。所以包装一定要经得起考验，可以承受各种压力，内包装也要能够固定，材料必须齐全。一个经得起运输考验的包装，能给客户留下非常好的印象。客户无论大小，对企业的发展都非常重要。例如，客户是家庭用户的，也能给你带来其他的商机，或者为你做一些宣传。所以对于样品单，一定要格外注意包装和外部形象。

二、大客户的具体要求

大客户会有哪些具体要求呢？下面以大客户给我的邮件为例加以说明。

例 1

Dear Joe Lau,

Thanks a lot for your prompt reply. We've made the first control of your price list and I confirm you our interest in the collaboration. We will develop the first preliminary order for one 40hc container and discuss the final price. Our operative process in purchasing from China is the following:

(1) We send you our order by E-mail.

(2) You send us your proforma invoice with net prices by E-mail, delivery terms and volume (for possible corrections in quantities for 1 ×40hc container).

(3) We confirm your proforma invoice by E-mail.

(4) We send our Asian co-worker for the first company control.

(5) After the positive answer of our co-worker about your company we send you 20% of the order value by T/T.

(6) 2 weeks before previous readiness of our order we will send you copy of the L/C for checking.

(7) After your advise about readiness of our order we send you our quality control for checking each item (all packages must be open).

(8) Our quality control will close and sign each package as confirmation, contemporary we order the container by our forwarder.

(9) After the positive conclusion of the quality control we confirm the loading, on which assist our Asian co-worker.

通过邮件内容，不难看出大客户的交易习惯：

1. 大客户必须了解供货公司的一切情况，包括生产、信誉、规模等；

2. 在货物离港之前，大客户必须对货物的所有权、质量、包装、船期全部予以控制；

3. 大客户一般采用 T/T 方式支付低于或等于全部货款 30% 的订金，接着使用信用证支付余款，控制交货期和溢短装；

4. 大客户的目标价一般很低，而对相关配套服务的要求很高。

除去质量和价格，服务也是不容忽视的。下面列举一则我认识的竞争对手在开发信中提出的交易条款。

例 2

Following is our factories, trade terms and the way of payment:

FOB Shenzhen for FCL(full container loaded).

Min order q. ty: 20ft container which can mix items.

Samples are available for EXW.

Production time: 50 days.

Products warranty: 12 months.

Way of payment: T/T with 50% deposit. Balance payment after your buyers inspection but before shipment.

For the online contact, please add our MSN address.

内容概括如下：

1. 支持拼柜；
2. 可以买样品；
3. 交货期有余地；
4. 产品有质量保证期；
5. 可确认质量后付余款；
6. 提供实时服务。

其实各个工厂、公司的优势都不一样，大家可以总结一下自身的优势，然后在开发信中将其转化成抓住客户的关键点，有时会产生事半功倍的效果。

三、开发客户的途径

1. 利用国外 BBS、博客和商务网站发布产品信息。

2. 通过 B2B 网站，如 Alibaba、Made-in-China 发布产品信息。

3. 利用搜索引擎，如 Google、Yahoo、AOL 等，以及 eBay 等零售网站搜索卖家信息。利用客户网站的“Contact Us”找到客户的联系方式，或者通过“Contact Form”留下自己的联系方式。

4. 通过已成交的客户介绍客户。

5. 通过展会发送产品目录开拓客户。

6. 将不能成交的客户介绍给工厂，收取客户或工厂的佣金。取得工厂信任后，工厂也会推荐客户给你，这也是开发客户的一种方法。

第三节　培养客户

顾客只有下单，才能被称为客户，所以我所认为的培养客户，就是将询价的顾客往客户方面引导。

一、与客户沟通前的准备

当看到一封询盘邮件时，首先要仔细研究，分析客户的询盘，看他到底想知道什么。如果邮件内没有任何询盘信息，可以向客户要一些资料，之后再进行专业的回复。

（一）分析客户网站

用 Google 搜索询盘邮件中客户的邮件地址或者客户留下的网址，访问其网站。浏览客户的产品和使用范围，确定自己公司的产品能否与其配套。一般有规模的公司的网站都会加入行业网站，所以有可能搜索到其客户或者同行公司对该公司的评价，从而了解该公司的信誉、实力、专业度等。

（二）分析客户目标市场

在充分了解对方的基础上，分析其目标市场。根据市场找准价格定位，比如欧美以及东南亚市场对产品质量的要求相当高，价格当然也高，他们不相信定价低的供应商是好的供应商，甚至会怀疑产品质量；中东和南美市场的订单数量相当多，但是对质量要求一般，中、低档产品偏多；非洲市场的产品相对低档，价格低才有竞争力。

（三）分析邮件内容

邮件内容一般不外乎价格、质量、交货期。当然有的客户也不问价格，而是问是否可生产、是否可买样、是否质量合格等。所以不要答非所问，要一五一十地回答客户问题，给客户留下一个好印象，这样一来价格就不是唯一的决定因素。回复客户关心的产品参数、质量的邮件要以产品资料、优质图片为主。如果客户只询问价格，你应该尝试了解客户的最终目的。

（四）回复

对询盘邮件的内容进行分析之后就可以准备回复邮件了，回复有效的内容才是正道。

1. 利用公司简介给客户留下印象。

2. 附上专业并带有函数功能的"傻瓜型"价格表。

3. 具体到某一款或某几款产品的信息时，可以包含图片、参数、材料、包装、价格、视频等。

4. 内容最好包含价格条款、付款方式、交货期限、售后承诺。

5. 介绍一下当前与你合作的客户，并附上客户的满意评语。

6. 适时抛出你的问题，比如目标市场、对品质的要求、目标价格等。

7. 提供该产品在目标市场的销售资料。

我觉得最好的方式，当然也是效率最高的沟通方式，是电话沟通。如果你觉得对方很专业且很有希望成为客户的话，那么回复邮件后就应立刻电话沟通。任何一个人都希望被别人关注和重视，而客户更需要我们给予充分的关注，电话沟通会让客户觉得你及你的公司对工作是有信心的、有激情的。

二、让客户回复邮件的方法

第一，无论是开发信还是询盘回复信，写第一封邮件前必须审查客户是否是真正的买家。首先，查看邮箱的后缀名，判断该邮箱是否是企业邮箱。例如“james@ arcor. de”，有了这个地址，你就可以在搜索引擎中搜索“arcor”或者登录“www. arcor. de”网站来了解客户的产品信息和企业性质。然后针对其网站上的产品报一个到岸价，向其推销。

第二，想办法让客户在回信中提到你网站上产品的款号，这样会提高成交概率。

第三，要运用海运成本、交货期等资料吸引客户下订单。

我的开发信

Dear Sir,

My name is Joe Lau from a manufacturer of modern furniture in China.

Please take a look at our website www. ××××. cn. There are lots of items same as your displayed items.

We also have some related products that you can also have a try in your market. I will be very grateful if someone from your company could contact me. My E-mail is “joe@ modernclassic. cn. ”

We will be highly appreciated if you provide me with the interested item number on our web. I can try to quote a price with shipping to your city or your nearest port.

Best regards,

Joe Lau

客户的询盘

Hi,

Find your website through your letter.

I am very interested in buying some of your furniture and considering starting selling furniture on a web shop in Norway.

I was wondering that how many pieces of each item you are willing to ship. I work for DHL Express in Norway and I'd like to ask if you can ship to us. However, I'd like to usc my connections according to shipping because I have very good agreements with DHL as an employee. I will arrange a pick up at your destination for shipment if possible.

I would also like to know the prices of the following items you got or your price list.

Product Name: Chair Item No. : CF004
Product Name: Sofa Item No. : CF6040
Product Name: Sofa Item No. : CF009 (also 2 and 3 seats sofa)
Product Name: Sofas & Lounge Chairs
Product Name: Chair Item No. : CF015
Product Name: End Table Item No. : CF013
Product Name: Steel Chair Item No. : CF024
I am also interested in Le Corbusier LC2 sofa, 2 and 3 seats.

Looking forward to hearing from you.

Regards,

Trond

我的发盘

Dear Trond,

From Shenzhen to Oslo, it is about USD 1 400 in total, BAF, CAF etc. 28cbm loads.

LCL is more expensive, about 65 USD/CBM, for freight charge's sake I recommend you to do a whole 20′. Because you know a sofa is very big at loadings.

DHL is OK, but just for a sample I think it is OK. When you examine the products are nice, you can order a 20′ in total. In fact, LCL is more expensive that you may calculate your cost at 1. 8 times × FOB price, but a container is just 1. 3 times × FOB price. So please trust me on this.

LCL is more dangerous at shipping. Container is safer. Shipping days will be 28 days and production days will be 15 ~ 20 days. Depending on the quantity and color options, and your lead time to your client will also be at least 2 months.

I send the pictures of each furniture you request.

Many thanks and kind regards.

Respectfully,

Joe Lau

客户的回复

> Hi,
>
> Thank you. I have received the form.
>
> The furniture looks good and prices are OK.
>
> If I am going to ship with your connections I understand it that way I need to ship at least a 20′ container?
>
> I will soon confirm you the final quantity of my order.
>
> Trond

这就是一次培养客户的邮件往来。如果价格、交期、进口成本都能谈妥，那么剩下的就只是时间问题了。如果客户是在港口城市或者离港口很近的地方，也可以用运费优势吸引客户。

客户的询盘

> Dear Sirs,
>
> We are an importer in Germany of consumers design products.
>
> Please send us the information about your items below with good prices.
> Item number CF004 lounge chair
> Item number CF002 daybed
>
> Will it be very expensive to import from China?I am located in Hamburg, Germany.
>
> Thank you!
>
> Peter

我的发盘

Dear Peter,

Thank you very much.

I checked the price to Hamburg and you are lucky that during this period the shipping charge you can add to only 25 USD each chair if you buy 10 pcs above.

CF004 USD/set
CF002 USD/pc

So if you buy 10 pcs, the shipping will be only 500 USD.

And please take a look at our packing and product pictures in various colors. You can choose 5 colors each item.

Joe

客户的回复

Dear Mr. Lau,

Thank you very much for your effort. The pictures are very beautiful, and everything is alright.
Half a container to Hamburg is 500 USD. I think I will take them. If I buy a full container how many discounts I can have.

We will confirm the order quantity on Monday.

Best regards,

Peter

一个星期之后，我收到了客户全额付款的通知。其实一些第一次从中国进口的零售商对运费比较模糊，所以你需要告诉他一个计算范围，比如最小订量下的 CFR 价格，这样他就可以核算出进口成本。

三、换位思考

换位思考，简单来说就是站在对方的角度和立场看问题。如果你想做一个合格的出口商，那么你一定要了解进口商。对于进口商而言：

首先，需先找到一个供货商，之后再谈价格。在进口的过程中，我们会事先筹款，同时关注产品质量、保修期和一些特殊要求，然后核算运营成本、增值税、进口税、海运费、清关费。

其次，要对货物到港的费用和相关条款有明确的认识，并且对货物价格、零售价格、未来的市场销路等都做到心中有数。

从以往的询盘来看，客户基本都会问到这方面的问题。如果我们再对不同的客户主动提供他们特别需要的信息，无疑会提高成交的概率。

当然，不同的国家有不同的要求，下面举几个实例。

南非客户关于税费的询盘

Dear Joe,

Thanks for pictures. I am interested in your bubble chair code : yd-cf 068; the price is $270. I need to know how much it will cost to bring one to Durban port, if I can say it is a gift to prevent me from paying duties. If I do have to pay duties, how much will it be?

South Africa

意大利客户关于海运费和版权问题的询盘

Dear Sir,

I'm an Italian design seller and I'm very interested in your furniture.

I'd like to buy some of these items to estimate them and so I'm wondering if it is possible to know the single quotation (shipping costs included) for the following:

Item No.: YD-CF044 amount: 1

Item No.: YD-CF105 amount: 1

Do you know any patent problem in Italy?

I'm waiting for your reply.

Thanks in advance,

Silvia Civita

澳大利亚客户的询盘

Hi Joe,

Before import I have 2 questions:

(1) Can you please E-mail some more photos with better detail of these 3 chairs?

(2) Are you aware if there are any import duties to Australia for samples?

Please also provide a freight price for me just sending the chair.

Your products look good but I need better prices, at least for samples; please provide more competitive prices.

I am a genuine buyer and just making sure I have everything covered off. Your price will help me make my final decision.

Australian ports need all wooden crates to be fumigatedly treated. We will also require a packing declaration when we clear custom.

Many thanks for your help.

英国客户的询盘[①]

Good evening,

I spoke with you earlier on the phone regarding importing modern classic furniture to Birmingham, England.

We are currently interested in the following items:

YD-CF012 - Glass Table (Quantity: 30)

YD-CF005 - Chaise Lounge (Quantity: 20)

Please provide our company with the full shipping costs to the port of Birmingham. All furniture must be Fire resistant treated.

If your price is to our satisfaction, we will enjoy a long standing business relationship with your company. If possible, please provide us with a total

---

① 出口英国的布和海绵必须符合英国的 BS5852 防火标准。

price to our port including shipping, insurance and UK FR. If we have the information it will help us make a quick order.

Thank you,

Nick

北欧市场不仅对质量和交货期的要求非常严格，而且对产品的售后服务要求也非常高，如要求 7 天内可以退款退货，甚至要求质保 10 年以上。

挪威客户的询盘

Dear Mr Lau,

Thank you very much for your kind pictures and the price list. We have studied the price list and have decided to shortlist your company among 2 other furniture factories in China which we have decided to discuss further with.

Initially, our company will place a test order to see the quality of the works for steel frames, leathers and colors, etc. Before we order the first furniture, we would appreciate to receive some more information from you.

Our aim or goal is to exclusively cooperate with one factory for sale representation in the Scandinavian market, Norway, Sweden, Finland and Denmark.

Questions:

1. We are only interested in Italian leather and Pony leather. Do you have

Pony leather?

2. All furnitures need to be fire proof.

3. From the good pictures you have sent, we can see that your steel frame works need to be better polished and the welding shows steel joints need to be grinded. The finish of the steel works need to be higher in order to please our customers.

4. What kind of warranties and guarantees can you give us? Our competitors give up to 10 years warranty for the same furniture as you produce.

5. We need to see some more pictures of your leather work, to see how well it was sawn and mounted on the sofas, chairs, etc. On some of your pictures we can see that the leather is not properly mounted on the chairs.

6. Do you produce the Egg by Mr. Arne Jacobsen? If yes, can you make it in Italian leather and with Pony leather?

The same question also for the Swan chair.

一定要考虑清楚客户想要什么，站在客户的立场上想问题。一开始向客户复述他们的要求是明智之举，这样可以确保双方理解一致。针对客户的疑问，你可能需要以不同的方式多次解答才能满足客户的需求。以上措施有助于增强客户对货物的信心，提高成交概率。简化选择，让客户从中选择最符合其利益的方式，这样可能会使双方都轻松一些。

给英国客户的回复

Hello,

Regarding your inquiries.

To tell the truth, we have already exported to England, so we have reservations about the UK FR papers. Please find it attached.

We researched on ebay. co. uk and thought that your retail price can be around 650 pounds. The export price + shipping + tax + tracking is around 330 pounds each set. So there is very big profit space.

Please see this site. We have guaranteed that if you have regular shipment from us any quality problems we will send replacement.

We also have discount for 40′ container.

Here are some detailed pictures that will be same to those when you receive in Birmingham.

The LCL to Birmingham is about 35 USD/CBM, around 30 USD/CBM when you buy 10 CBM furniture. To make a trial order will be fine, so that you can try our service and test the market.

If you need any recommendations, we have a cooperator in Netherlands near the UK. He is satisfied and promised us to be our proof of quality.

Await your good news, my friend!

If you need anything, do not hesitate.

Joe

当然，不要把话说得太满，关键是在可持续发展的基础上给客户提供便利，让他们有信心和你做生意。对他们顾忌的每个细节，一定要给他们一剂“强心针”，但要符合现实且客观。如此一来，客户对你的信任程度就会大大提升。

四、服务意识

客户需要长期的盈利，如何才能说服客户他的盈利能够通过与自己的长期合作实现？除了给予客户一些折扣外，最重要的是给予他长期合作的信心。

我的一些小技巧是在成交之前先介绍售后服务与质量保证。同时鼓励客户开拓市场，建立销售渠道，以我的售后服务为基础来完善他的售后服务。在研究客户的网站和信息之后，相应提供给他一些支持，包括分担海运费以运送样品、提供图片以完备客户网站等。另外，有关客户市场的信息，也要主动善意地和对方分享。总的来说，很重要的是，推销给客户的产品在当地市场是受欢迎的，这样客户才有可能返单。所以，你的建议一定要有价值。推销给客户的产品销不出去、造成库存，或者只为暂时的暴利，都是不可取的。只有客户盈利了，你才有利可图。

另外，还有一些促销的小技巧，比如客户如果是货代，可以向其提供比较好的付款方式；如果客户要货比较急，可以凭水单开始生产等。此外，配套设施要尽量完善。

其实一切都是为了一点——让自己的产品漂洋过海，在海外市场生根发芽。所以第一次利润低一点儿、对方条件苛刻一点儿都不是大问题，关键是你的产品真的有市场生命力，客户能盈利，那么以后什么条件都可以协商。如果双方有着共同利益，无论如何客户都会主动找你下订单。

下面是我发给客户的一些关于服务方面的邮件，与大家分享。

例 1

Dear Stanley,

Nice to hear from you again regarding cooperation.

Please find some hints that maybe interest you.

(1) Regarding your location in Rotterdam where I have another shipment to, so I can combine with them and charge split 40% if you like.

(2) For the colors, we recommend red and white/black. Because according to our research, they are most popular colors in your market.

(3) We will deliver best products to you and wish it will have regular FCL orders.

Regarding invoices, products will be same to what have shown in pictures, please confirm if it is ok. If you have any web development, we would like to provide high quality pictures.

And also please send us a copy of payment that we can start production now in order to shorten lead time.

Many thanks and kind regards.

下面这封邮件是给客户的服务性报价。

例 2

Dear Steve,

Many thanks for your inquiry.

I checked your website, found you are a clothing shop selling various of fancy clothes. I like them!

I checked from Shenzhen to Florida, only three stations.

#Jacksonville, FL

#Tampa, FL

#Miami, FL

Which city is near to Panama city?

Each price by CBM around 85 USD/CBM.

Product Item. CF060 USD/pc 1 CBM

Product Item. CF001 USD/pc 0. 5 CBM

Product Item. CF012 USD/pc 0. 3 CBM

Product Item. CF092 USD/pc 1. 2 CBM

Product Item. CF153 USD/set 1. 2 CBM

Product Item. CF068 USD/pc 1 CBM

Product Item. CF069 USD/pc 1 CBM

Product Item. CF066 USD/pc 1 CBM

Product Item. CF052 USD/pc 0. 8 CBM

Product Item. CF247 USD/pc 0. 2 CBM

Product Item. CF182 USD/pc 1. 2 CBM

If you need more information about 20′ container's load that you are interested, I can get some quote; or you need any close up pictures, please let me know.

Many thanks and kind regards.

Mit freundlichen Grüssen aus Shenzhen!

报价必须以服务为本，如果以盈利为本的话成交率会变低。因为换位思考的话，客户需要你的服务来促成订单，如果你每句话都围绕着自身利益，那么客户得到的就是没有合作意向的信息。实际上客户会问很多家，并进行比较，所以除了价格高低之外，也必须检查一下你的服务意识有没有在字里行间体现出来。

价格和服务是如何联系起来的呢？比如普通的真皮沙发报价为200美元左右，而我们的报价一般如下所示。

例3

Hello,

Thank you very much for your inquiry.

The item CF009. Price 200 USD/pc leather sofa. FOB Shenzhen.

If you require others, please log on our website www. ××××. cn.

Thank you.

我所说的服务性报价技巧有很多。当然根据不同情况，可以使用其中的几种，全部都用就太烦琐了，客户也许会看不下去。如果可以的话，可以分两次来报，第一次可以尝试询问一下客户要订的数量，增加客户的回复概率。

例 4

Hello,

Thanks for your mail.

Our sofa CF009 is classic furniture designed in 1919 from Germany. Retail price is about 4 000 USD in original vintage shop.

Our sofa is made of full Italian leather including pipings and side, back etc. The density of foam is about 30%. Stainless steel contains 4% nickle that guarantees no rust in 10 years. The size and packing dimension is. . .

Here I send you the related pictures of this product.

(1) front

(2) side

(3) back

(4) packing(we use wooden crate and 3 layers foam to protect the sofa, also with 4 cardboard at each foot)

Leather colors ranged black/red/white/brown. If you need more colors, please log on our website.

We have 3 years warranty if you have regular orders from us. We have 3 quality controllers and designers team with this item. We have very quick lead time for this item if you order only black.

The price is about 200 USD and after 10 pcs we can offer discounts. If you can purchase a big qty, we will be able to consider a better pricing. Also if you want us to arrange shipping, I will check your nearest port. If you buy with us a CFR term(directly to your port), that price is about 200 USD + shipping.

As last time I checked the VAT and custom charges is about. . . , but they buy from another port, so this list can be your reference.

I hope you can import this sofa because there will be a huge market in your area. Normally on eBay retail price is about. . . USD.

And if you import few other items to test market, we can also have some additional special encouragement at shipping.

还有很多可以使用的报价技巧，关键对于不同的客户，你要一句话说到他心坎里去，这样他就很容易动心。当然也有些老商人，他们对进口成本和操作方式已经很熟悉了，想要吸引这部分客户，关键是给予他们质量、交货期、价格方面的信心。对于新客户，就需要告诉他们多一点，因为据我的经验，大概 20% 的客户对进出口、海运、清关等一窍不通，他们一般只在 eBay 上买东西，除了知道 VAT 和运费以外，其他几乎一无所知，所以你热情的服务对他们来说是帮助，这样一来成交就很容易了。

不过想让客户下大单，产品必须能够让他销售成功并且盈利。对于贸易类的客户，如果你的产品销售困难或者不长久，他很可能就会转做其他贸易，比如说卖你的衣服卖得太吃亏了，而现在流行家具，他很有可能马上变成家具经销商。我的一个客户原本是做电池生意的，听说我们公司的家具好卖，于是订了一个柜的玻璃钢椅，结果一天就在 eBay 上卖了一大半。

当然，和卖电池的客户成交家具订单也与我的服务分不开。我和他在 MSN 上聊了两个月，在网上找来深圳到纽伦堡的运费、同类产品的零售价格、颜色的品目等说服他。

我们要做长期生意，对于客户生意的可持续性也要做好预测。每次在营销之前我都会对客户的市场进行询问和调查，只有条件允许，我才会把我的产品推销到这一市场。客户只是一个代理人而已，卖得好他就会继续合作；卖得不好，有些客户买了东西后就“人间蒸发”了。

关于报价表，一般来说，一份能够只填数字就可以做发票的“傻瓜型”报价表对下单是非常有帮助的。客户关于汇率、海运费等的疑问，如果用一个函数文件就能搞定，可以大大提高工作效率。当确定客户已经有购买意向时，我会发给他一个 Excel 表格，并提示他“Please fill the qty on the form”。一般到第二封信时，就可以做形式发票了（添加抬头和付款方式、海运费等）。

对于实践报价来说，必须注意以下两个问题。

1. 同类产品在当地市场的零售单价。你报出的价格能不能成交，关键看客户在当地市场的利润。所以你需要上 eBay、Target 之类的网站找一下同类产品的单价，在这个基础之上加上海运费、税费等，再给客户报价。

2. 报价的多样性。一款产品，不同的工艺、不同的材料、不同的尺寸、不同的购买数量，其价格都会不一样。报价之前问清楚客户的购买数量和具体要求，如果可行的话可以报 2～3 种不同的价格，这样也能满足不同市场的需求。

另外，在客户下订单之后，你需要定时向客户汇报进度，向质检员索要图片，跟单早日做出产品，和运输部门协定好装柜期和开船期。备好货之后，要及时给客户发送成品图片。等客户收到货后要询问情况，如果出了问题要及时妥善解决。

这些都是服务的一部分，也是你高报价的理由。

五、营销理念

大家要知道，消费者都是非理性的，如果消费者喜欢哪款产品就卖哪款，不一定会有市场。所以在收到客户询盘的时候，你也需要提前收集一些信息，例如客户市场的热销产品、你们公司的打折或者库存产品以及新产品等。

作为外贸业务员，提供给客户的选择越多，成交的概率也就越大。

1. 在第一封邮件里提交客户市场的热销产品容易抓住客户的眼球。

2. 打折的产品会降低客户的成本。

3. 库存现货产品意味着“零”交货期。

4. 可供选择的不同颜色和材料会给予客户很大的市场自由。

5. 优质的服务有利于争取客户更多的信任。

从定义上来说，营销绝对不是把企业的全部产品销售给任何人，而是确定客户在当地市场可以作为你的代理商，可以将产品销售到当地市场并且能够盈利。推销的产品、价格和样式都是因人而异的。

营销必须要有理有据，不能信口开河。每一个外贸业务员都应成为国外市场的销售员，任务是开发国外市场，而不仅仅是将本国产品销售给外国客户这么简单。只有经过长期的营销才能形成品牌效应，所以在开发市场的过程中，一开始不要以盈利为主。只要你的产品能够放在代理商的展厅或者商店的货架上，就成功了一大半。

营销的起步阶段需要牺牲利润为客户提供便利，但是很多人喜欢在样品和散货上谋求暴利，殊不知跟进客户的销售过程更加重要。所以如果两者相互冲突，应抓住眼前的主要矛盾，努力开拓市场，主动帮客户安排一些快船，备好展厅图片，了解市场信息，甚至分给大客户一些当地的小家庭客户。要知道，大订单都是按照样品单、散货、小订单、固定销路、扩大仓库、库存销售这个顺序积累过来的。

六、信任客户

我对信任客户的理解就是从洽谈订单的那一刻起，必须全身心地信任客户，直到这种信任影响到他。但是这种信任也不是“玩火”，并不是要做出没有订金就直接发柜、余款不到便直接寄提单这种错误行为，我说的信任是一种成交技巧。

客户的来信

Dear Joe,

I hope everything is going well with you. I saw the picture and I trust you.

I sent the payment to your bank 3 days ago, if the list on your accounts on the bank.

The payment is full amount with 1 090 000 USD. How long does it take for furnishing products and when do you make the shipment to Thessaloniki?

Thank you very much.

Best regards,

Alex Kara

当看到这封信时，你会不会觉得很诧异呢？客户竟然将订单全款和海运费一起汇到我的账户上。

可以说，客户在交货期、产品质量等方面是完全被动的。第一次做生意能做到这种程度，为什么呢？很简单，就是客户对你的信任。展现你的亲和力，并辅以专业的销售服务，是增强客户对你的信任的好方法。

收到上述客户的询盘后，我了解到客户不是英语国家的人，所以不能准确地理解询盘里的很多单词，我生怕弄错所以直接给他打了电话。在交谈中得知他是一个室内设计师，接下了一个装修房子的订单，需要一些家具。我便口头报了一些价格，并且承诺会回复邮件。

通过他签名里的城市名称，我查了深圳到德国的海运费，发给他，并附上产品图片和可供选择的颜色，还主动告知交货期和皮质，以及我方生产的弹性，希望他有任何要求都尽量提出来。从此之后，他便不停地改变订单，不停地提新要求，包括将港口改成希腊的，我全部照办，还免费给他打了一个样。通信是一个很奇妙的过程，双方越来越信任，他甚至在信里简单介绍了他的家庭情况，还附上了孩子的照片等。

实际上，信任是一个积累的过程，是一个从量变到质变的过程，只有通过来往的信件，对方才能逐渐了解你。和网友一样，做生意的双方最开始并不认识，其立场和价值观都不同，甚至存在巨大差异。只有信任，才能让彼此放下戒备，站在对方的立场上思考问题；只有信任，才能使对方有信心投资，增加成交的概率。

关于增强信任的方法，我总结了以下几点。

1. 多设身处地地站在对方立场上考虑问题，包括对方的每一个问题和苛刻的要求。

2. 多向对方提供你所知道的信息。例如到达对方港口的海运费、增值税、产品在当地市场的销售情况等。

3. 展现你的亲和力和人格魅力。经过数月的熟悉后，委婉地打听对方的兴趣，电话聊天不失为一个好办法，充满亲和力的声音也是打开信任大门的钥匙。另外，即时聊天工具也是一个非常好的交流平台。

4. 千万不要给对方猜疑的机会。不要收到订金后保持沉默，不要在给对方产品和装柜图之前索要余款，不要给对方负面的消息。

5. 多做一些缩短交货期的努力。比如见水单即安排生产，装柜后及时劝说客户付余款，做单的同时提前备料，答应客户的交货期要有几天的预留期等。

七、使客户回单的方法

客户回单主要和下面几点有关。

（一）服务质量

1. 答应的事情一定要做到，不能做到的事情不要答应。

2. 反馈跟踪的进度。

3. 交货时间要有保证。

4. 操作失误少。由于跟进不到位造成的交货期延迟、颜色做错、尺寸做错等会给你的客户带来诸多麻烦，一般客户原谅你的次数不会超过2次，所以绝对不能出错，做事一定要严谨。

5. 善用营销策略，包括定期回访、发放新产品资料、推荐好卖点、让利赠送等。

（二）产品的质量及销售状况

1. 产品能让客户盈利并且受市场欢迎。

2. 用户的投诉非常少。

3. 不要给客户带来损失，否则你必须在下一单上赔偿，而且客户不喜欢赔偿，赔偿只是寻求原谅而已，丧失信誉是致命的。

（三）客户的投资能力

客户有钱，而且正在经营这个项目，才有可能下返单。但是返单不一定下给你，所以保持与客户的联系是非常重要的。可以研究老客户在网站上及其他渠道的销售细节，看是否有机会推销自己的产品。

第四节　接待客户

由于每一家外贸公司的规模都不一样，我在这里总结一下我原来所在公司接待客户的操作流程，供大家参考。

一、访前准备

（一）个人仪表

接待客户时要着装得体，以职业装为主，并遵循三色原则。若是休闲装也应该以单色或深色为主。记得带工牌，整理仪表。

（二）产品介绍

1. 客户来访之前必须准备好产品资料以及过往信件中提及的产品，并确保在展厅内能看到该产品。

2. 确保产品无任何问题。

3. 关于产品的历史、文化、优点、卖点、价格，必须全部整理好。熟悉每一个产品的构造、特点及材料、颜色、款式、包装等。了解客户在目标市场中的份额、区域销量、消费人群等。

4. 针对客户一般会询问到的一些问题准备好体面的答复。

5. 结合客户来访，邀请同事或者主管进行模拟练习。

6. 在客户来访之前要做好展厅的清洁工作。

（三）客户分析

客户来访之前需要对客户进行一些评估，比如客户是哪国人、是零售还是批发、区域市场在哪里等。

（四）礼仪

细节决定成败，分享以下两个细节中的礼仪问题。

1. 交换名片

（1）名片数量要准备充分。

（2）名片要保持清洁，不能有污渍或弯折。

（3）把名片装在专门的名片夹内，然后放在上衣口袋里。

（4）交换名片时，接待方先递出名片。

（5）在递名片时，手的位置应与胸部齐高，将名片朝向对方，双手恭敬地递上并说："这是我的名片，请多关照。"

（6）收下对方名片后，应轻声地读一遍对方的姓名或职称，然后说谢谢。

（7）收到名片后，应将名片放在名片夹或者上衣口袋中，而不要将名片放在裤袋中。

（8）如果你想得到对方的名片而他并没有主动给，可以用请求的口吻说："如果没有什么不方便的话，能否给我一张名片？"若对方没带或者不愿意给时不要强求。

（9）收到对方的名片后，不要当场折叠名片或在名片上书写。

（10）经常整理收到的名片，熟悉客户的公司、职务等。

2. 乘坐电梯

（1）陪客户来到电梯前时，主动按电梯按钮。若客户不只 1 人，当电梯门打开时，可先行进入电梯，一手按住"开门"按钮，另一手按住电梯侧门，礼貌地说"请进"。

（2）进入电梯后按下客户要去的楼层按钮。若电梯行进期间有其他人员进入，可主动询问要去几楼并帮忙按下按钮。电梯内可视情况寒暄，例如没有其他人员时可略做寒暄，有外人或其他同事在时可斟酌是否有必要寒暄。外国客户习惯在电梯内保持沉默。另外，在电梯内尽量侧身面对客户。

（3）到达目的楼层时，一手按住"开门"按钮，另一手做出请的动作，提示客户到了。客户走出电梯后，立刻走出电梯并热情地引导。

（五）其他准备

1. 物品

准备好色板、计算器、卷尺、笔记本、订书机、图册、名片，还有针对性的报价单。

2. **陪同人员**

若是重要客户，尽量预约主管一起接待。若是普通客户，可预约同组同事共同接待。

3. **环境**

在客户到达展厅之前跟前台打好招呼，疏散人员、打开空调，并且播放悦耳的音乐，确保环境舒适。

二、协助客户来访

（一）寄送邀请函

外国客户来华访问，如看厂、看货、签订协议、合作洽谈等，需要办理来华签证。办理签证就必须得有邀请函，我们需要为客户提供邀请函。

1. 以公司的名义用中文或英语简单说明来华事由和被邀请方的姓名、护照号、出生日期等情况，并加盖公章、签名。其格式与日常传真信函多有类似。如有多个被邀请人，可以直接在函件上将名字隔开并注明护照号。

2. 将邀请函传真或邮寄给对方。如果不需要停留很长时间，可建议外国客户在当地申请商务签证或者访问签证，一般是90天。扫描邀请函时注意不要掩盖掉页眉和页尾的任何内容，否则大使馆不予办理。

签证一般是客户自己办理的，费用一般也由其自理，只要开始时与对方协商好就可以，客户一般是不会要求别人负责签证费甚至路费的。关键要说清楚在国内停留期间的一些费用由谁承担，如酒店、餐饮方面的费用。

下面提供一份邀请函模板。

SCANDINAVIAN INTERIOR LTD

HK ADDRESS: ROOM 705(D), HO KING COMMERCIAL CENTRE, 2 – 16 FA YUEN STREET, MONGKOK, KOWLOON

www. scandinavialamp. com

INVITATION LETTER

To Whom This May Concern:

On behalf of our entire company, I wish to extend an invitation to EL warsh Mohamed Moustafa Mohamed (passport C6W9HMPHR) from ELTOCKEY GMBH from Germany to our headquarters at 20F Sunshine golf building, NO. 7008 Shennan road, Futian District, Shenzhen, China.

Scandinavian Interior ltd. is an exporter of modern furniture. EL warsh Mohamed Moustafa Mohamed from ELTOCKEY GMBH, an importer of modern furniture, also is willing to import modern furniture from China.

As purchaser of our product, it will be beneficial for EL warsh Mohamed Moustafa Mohamed from ELTOCKEY GMBH to view our facilities on production, quality and capacity and discuss future business opportunity plans.

Please extend any and all available help to facilitate their visit to China in March 2016, and the period is from 15th March 2016 to 15th March 2017. Should you have any questions, I am available on my mobile at 86 – ××××××××××, via fax at 86 – 755 – ×××× – ××××, and also via mail at joe@ scandinavialamp. com.

Thank you.

Sincerely,

Sales Manager

Joe Lau

SCANDINAVIAN INTERIOR LTD

（二）安排接机

欧美航班来华一般要十几个小时，所以我们必须预先了解客户的停留时间和相应计划再做安排。如我所在公司位于深圳，最近的机场分别在深圳、香港和广州。现根据上述三地的机场情况举例说明接机工作。

1. 深圳机场

飞机到达的时间可能有延误，但是我们必须根据客户的到达时间提前到机场到达大厅举牌接机。若客户有大件行李，可利用机场的行李车主动帮忙搬运。若到达时间是晚上，则应直接转送酒店，并让客户尽早休息；若到达时间是白天，送客户回酒店之后，可以视情况再做安排。一般到达的第一天不要谈公事，让客户早点休息，第二天再预约计划。

2. 香港机场

由于关卡限制，我们不方便前往香港接机，所以我们要同客户解释清楚，并请他们在香港机场一直跟着“TO CHINA MAINLAND”的指示牌走，到达出站口后会有香港本地的商务小车直达皇岗口岸，约好时间直接在皇岗口岸接客户。如要乘船，则从香港码头坐到深圳蛇口港。

3. 广州机场

广州白云机场有直接到深圳的大巴，也可以乘出租车到广州火车站坐动车前往深圳。

客户一般会在广州的酒店住一晚，第二天再坐动车前往深圳。客户去广州有可能是参加展会或者拜访当地供应商，所以对于在广州下机的客户可以选择去深圳罗湖火车站迎接，通常预约地点在香格里拉酒店。如果是坐大巴，可让客户选福田汽车站为终点，这样接送比较方便。

三、预订酒店

推荐客户使用性价比高而且支持 PayPal 付款的网站预订酒店。在推荐的网站上都要能找到酒店的英文名。为避免酒店无房的情况，一定要做好预订工作。

（一）星级

可以根据客户类型协助预订不同星级的酒店。

（二）费用

如果客户自行通过 PayPal 付款，我方无须承担任何费用。如果接待十分重要的客户，可以向主管或者总经理申请承担其酒店费用。

（三）换汇

建议客户在国外提前换好人民币，因为国内换汇通常要预约。

四、参观展厅

（一）前期准备

这里简要介绍参观展厅的流程。客户看工厂，通常只会花很少的时间参观流水线和仓库，主要看一下规模、生产能力、包装情况等。谈判一般是在会议室或者展厅进行。规模比较小的工厂通常会把展厅和会议室放在一起，所以谈判的重点会在展厅进行。通常客户会绕着展厅大致看一下所有的产品，然后提出一些问题，常见问题总结如下。

1. 产品的价格

产品的价格是询问频率最高的问题。客户询价的这款产品通常是同款产品在当地市场上有销路。回答的时候见仁见智，若是常规产品，竞争激烈，不如作为爆款报出比较有竞争力的价格；若是竞争力强的产品，市面上都买不到，可适当报高一点的价格。这时要注意，在客户来访之前，你最好能记住所有产品的价格，若是对产品了解不足，最好提前打印一份价格表，不可以当场跑去问，这样会浪费客户的时间。

2. 产品的参数

产品的参数问题考验的是你对产品的了解程度以及是否熟悉生产工艺。对一些基本情况要做到心中有数，比如可以做什么颜色、做什么包装、一个集装箱装多少个、毛重和包装尺寸大概多少、什么材质、不同材质的成本差异等。

3. 交货期和质保期

客户在订货前会计算交货期，即“生产时间 + 海运时间 + 到仓库的时间”，大致是 8 ~ 10 周。只要告诉客户交货期，他就会根据库存情况计算出要订多少量。一般情况下，如果你的产品已经在客户的实体店铺或者网店销售，客户会补单，所以交货期一定要稳定。客户询问的产品价格越低，交货时间越短，资金回笼就越快，客户回单的速度就会越快。所以回答客户的交货时间一定要准确，若是大客户，要优先交货。质保期越长，客户对产品的品质越有信心。不过，不同的产品质保期肯定不一样。

（二）参观展厅的流程

1. 前台开门，播放音乐，同组同事协助迎接客户。
2. 向客户递水、递图册，简单介绍。
3. 介绍畅销产品。
4. 引领客户走完整个展厅，记录其特殊要求及其感兴趣的款号。
5. 给客户介绍摄影棚，并告知可以提供部分拍摄服务等。
6. 在介绍完产品质量和卖点之后报价，并委婉地询问订量。

7. 记录客户提出的问题。不能当场回答的问题，记得要用邮件回复，以免失信。

（三）注意事项

1. 不要诋毁竞争对手，仅告知某些工厂使用什么样的材料来节约成本、会造成怎样的后果便可。

2. 报价时要考虑汇率。

3. 照顾好客户，比如注意展厅温度是否适宜，注意客户是否口渴、饥饿、劳累或者赶时间等。

4. 建立和客户的信任。在路上可以聊家常，了解一下对方家庭等生活有关的事情，这有助于谈判。大部分外国客户还是十分友好、热情、外向的。

5. 接送时尊重客户的其他安排，是回酒店还是要购物，在力所能及的情况下给予便利。

6. 无法做到的事，千万不要承诺。客户提出的一些改进要求，可以结合技术部门和实际情况再答复，不要当场否定或者肯定。

7. 尝试协助客户确定目标市场的卖价，这样有助于客户核算成本、计算利润。

五、参观工厂

一般客户要求参观工厂是因为经过初步筛选，有几家工厂可以合作。预约参观工厂，说明价格和产品品类符合他们的要求，成交的概率会很大。

客户参观工厂是为了验证工厂是否正规、专业，与你的描述是否一致，是否具备资质，看合作方是否言行一致和诚信，所以必须重视并做好准备。

如果客户是第二次来访，则会重点考察新产品。一个工厂的开发能力是非常重要的，它决定了客户的产品链的活跃程度。所以为第二次来访的客户预备好新产品是非常重要的。

参观过程中，最好有工厂的技术型骨干陪同讲解技术问题。如果是大客户，最好有经理或者老板陪同，预约质检主管或厂长讲解技术问题。讲解的重点如下。

1. 工厂的生产能力。

2. 工厂仓库的面积、储存能力、装柜能力。

3. 工厂的基本操作流程：开发、生产、验货、入库、装柜。

4. 工厂的开发能力、开发的基本流程。

5. 可以谈一谈以前出现过的质量问题和改进措施，表示现在不会有重复问题出现等。

6. 可以的话，发送一份视频资料给客户，作为参观的总结。

7. 回答外国客户的问题要直接、简单明了。

8. 可以进一步聊一聊客户目标市场流行的产品样式和颜色。

六、送别客户

送别客户的礼仪更不容忽视，给客户留下一个好印象对以后的商务交往更有帮助。

1. 如果客户自备交通工具，离开的时候，业务员要送客户到楼下，目送客户上车离去之后再走开。

2. 无论谈判是否顺利，最好能够赠送一些商务小礼品。这不仅表达了接待方对客户的友好和尊重，也有一定纪念意义。客户在家里看到或者使用时或许会想起你和你专业的服务。

3. 对于没有自备交通工具的客户，应主动协助客户预约车辆并提供路线方案，方便的情况下应尽量开车送客户前往最近的车站。对于赶飞机的客户，应送到机场。

4. 若是客户时间充足，可带客户体验当地文化、品尝特产。

5. 客户来访当天要写一封感谢信。

第五节 寄样和辨别骗子邮件

一、寄样的目的

和客户达成合作意向后，确认样品是很重要的，客户要知道他订的货是什么样的、质量如何等。基于此，在允许的情况下，应该协助客户快速得到样品或者材料样。

二、寄样的操作方式

1. 分析客户的网站、产品、购买能力。

2. 客户有市场和购买能力，而货值不是很大的情况下，如果客户不是很急，可以平邮寄送样品；如果客户很急，可以运费到付，货款在下单后扣除。

3. 如果货值和体积比较大，可以空运或者海运，然后报给客户一个 CNF 价格。

4. 对于免费索样的客户，一般可以先邀请对方来展厅参观，或者寄送一些图册等平面品。即使使用 DHL 代理，价格也只要 100 元左右。对于有诚意的客户，当然能够在此基础上降低寄样门槛了。

5. 开发客户时，平邮寄送图册也是十分重要的。可以在一个月内寄出一二十份图册给业内客户。平邮的邮费也很便宜，几元到几十元不等。

三、辨别骗子邮件

一般来讲，骗子邮件有以下几个特点。

1. 在邮件中不停地献殷勤，生怕你不信他。俗话说“无事献殷勤，非奸即盗”，这种此地无银三百两的恭维需警惕。

2. 主动提出支持信用卡或 100% 前 T/T 等非常诱人的付款方式。

3. 客户名字可能非常西化，比如 James Mike、John Williams，实际上这样的取名非常可疑。

4. Yahoo、Gmail、MSN、Hotmail 信箱的账号名中间用分隔符隔开，后面是数字，这种账号便于修改。

疑似诈骗邮件

john_mike36@ yahoo. com

发件人: John Mike

主题: Order

Dear Customer Service,

I am Mr. John Mike and I am sending this E-mail to order some ball chair. I hope to get an E-mail with sizes, types and prices you have in stock, and let me know the type of Credit Card you accept for payment. Can you E-mail me with your full name and phone number in order to place the order.

Best Regards,

Mr. John Mike(OWNER)

这不是一封普通的询盘信件，实际上它有几个很明显的骗子记号：

（1）主动提出用信用卡支付；

（2）名字是两个欧美的姓氏，信箱地址中有分隔符和数字，结尾为“OWNER”（所有者）；

（3）要求重新确认联系方式；

（4）客户一般只会自称为 John 或者 Mr. Mike，不会自称 Mr. John Mike。

第六节　如何规避风险

电子商务的交易双方都是以虚拟形式出现的，通过一封询盘或者开发信知晓对方的存在。对方的真实意图，只能在长期的磨合之中了解。而在此过程中，我相信每个人都曾有过失误、有过被动、有过损失。如何规避风险，我想没有绝对的解决方式，只有应对办法，例如通过一些操作习惯降低风险。国际贸易领域，利益与风险是参半的，客户预付订金或者装柜前付款也冒着很大的风险，我们同意后 T/T 和拿到提单后甚至开箱验货后付余款也承担了不小的风险。

实际上很多风险是付款方式带来的，下面一些关于付款方式的建议能有效降低风险。

一、CIF 条款下

1. 使用货代。海运部门要保证海运的价格稳定，即时共享价格、报告波动；业务部门要充分发挥海运的运价优势，保持 CIF 优势。一般情况下，如果 CIF 条款不稳定或价格过高，客户有可能选择指定货代。

2. 收到 30% 订金后，要对客户的财务状况、网站、产品进行小调查，例如付款的银行是不是世界五百强。然后先发货，出提单复印件再收款。

二、FOB 条款下

1. 客户有指定货代的情况下，营销部在与客户沟通前可以先调查一下货代有没有类似验货服务部门，能否接受上柜之前或上柜之后的验货后付余款方式。

2. 如果货值比较大，可以劝说客户付余款时采用信用证付款，客户把钱放在银行，通过银行来付款对我们比较有保障，客户也可以控制交货期和溢短装问题，确保文件的完整性。

3. 业务部门应该积极利用产品生产过程和成品图片说服客户提前付款。

如果上述三个方面都被拒绝，我们就必须从以下几方面着手。

1. 判断客户的信誉和实力。如果客户非常不稳定而且利润很小，可以取消合作意向，不过这样的客户是很少的。如果是讲信誉的客户，可以在确保船运公司不会无单放货的情况下采用见提单复印件付款的方式。

2. 判断银行和货代的信誉。

3. 重视验货。每个星期抽一天代表客户去验货，确认好产品颜色、质量细节、生产情况，拍摄每一款产品的图片并及时反馈给客户。这样不仅能够保证质量，更能降低未来的风险。

4. 业务部门必须重视付款信息的准确性，包括公司名和账号，字迹必须清晰。不能给客户钻空子的机会，必须余款到账后再发货。

5. 很少有客户是因为要骗钱骗货来和你做生意，大部分客户只是因为你卖的东西出现质量问题造成了损失，想在最后得到一些补偿。所以当货物出现质量问题时，如果是指定货代，又有额外要求，到港后一周还没提货并且联系不到客户，就必须要留神了。

三、说服客户接受付款方式的技巧

在外贸领域，客户被骗走订金也是十分常见的，所以客户也很不愿意接受这样的付款方式。下面分享一些技巧来说服客户接受你建议的付款方式。

1. 最好的办法是建立信任，多交流，找机会在谈订单之前谈好付款方式。

单价、服务、包装方面有很多筹码可以改变客户的付款方式。退一万步讲，还可以选择 EXW（工厂交货）这种货前付款贸易方式。如果担心的话，可以给客户一点折扣，要求货前付款。即使是 CIF 条款下，客户不收货你再找买家也是十分麻烦的。当然客户也会担心，全款汇给你，万一你不发货怎么办。所以与客户联系、反馈、发送图片是十分重要的。客户不信任你的话，可以拍摄合同号、产品照片，还可以提前订舱，将订舱单和未盖章的提单扫描件给客户。

2. 评估客户的经营能力、付款能力、信誉度。

如果信不过客户，最好按照安全的收汇方式和客户交涉。订单不成交没有关系，培养好客户的习惯也是非常重要的。对老客户改变付款方式或者抬价是十分困难的，而对新客户要采用安全的付款方式。

3. 最重要的一点，也是你最好的筹码，就是如期交货，以及好的产品质量和好的服务。

没有好的产品质量和好的服务，就没有最基本的谈判筹码，一旦出现问题，风险就会很大，客户会找各种机会来挽回他的损失。交货期也会极大影响客户的销售情况和商业信誉。如果你没有反馈，客户还会担心你给他发了一柜垃圾。所以如果你没有这三个最基本的筹码，很可能就会遭遇风险。如果有这三个筹码，一个正规的客户不会放弃一个可以持续发展并盈利的供应商，你完全可以强势地提出更好的付款方式。

4. 其他谈判筹码包括缩短交货期、加固包装（免费）、折扣、样品免费、产品的售后服务、图片服务、验货服务、便宜的运费或者快船（将 FOB 改为 CIF 的筹码）、假装升价（客户若不愿意，可以提出更好的付款方式）等。

这些筹码是在谈形式发票中的付款条件时使用的，绝对不能用来在订单履行过程中更改条款。订单内容中的每一条都要和形式发票一致。不要为了预防风险而失掉商业信誉。不到万不得已，不要轻易修改形式发票的条款。

四、相对安全的付款方式

（一）CIF 条款下

1. 100% 提前支付。

2. 30% T/T 预付，70% 货前付款。

3. 50% T/T 预付，50% 见提单副本 3 天内付款。

4. 30% T/T 预付，70% 见提单副本 3 天内付款。

5. L/C 不可撤销。

（二）FOB 条款下

1. 100% 提前支付。

2. 30% 预付，70% 货前付款（50% 预付，50% 货前付款也可）。

3. 30% 预付，70% 见未盖章提单补料付款。

4. 30% 预付，70% 验货后或者见图片付款。

5. 30% 预付，70% 信用证付款。

（三）EXW 条款下

1. 30% 预付，70% 验货后付款。

2. 50% 预付，50% 提货付款（现金支付也可）。

3. 30% 预付，70% 货前付款。

第七节 协助客户进行市场营销

众所周知，传统的销售模式是：收集资料（客户来样等）—开发出新的产品—定价—在网站上传图片或描述—询盘—客户调查—客户营销—客户筹资—成交。

电子商务营销模式就不一样了，这种新的销售模式是：收集资料—开发出新的产品—定价—协助客户做目标市场网络营销—成交—客户收到货—协助客户做已经卖出产品的网络营销/提供支持—再次成交。

在电子商务领域，业务人员的工作不单是销售，还是顾问，需要提供专业的信息、营销支持，协助客户进行目标市场的产品推广。以前是在卖产品，而现在是帮助客户销售产品。以前很多人很愁产品卖不动，愁开发了很多产品却没有销路，愁销售给客户的样品没有返单，但你浏览过客户的网站吗？关注过客户的销售吗？研究过客户的市场吗？如果客户也是通过网络进行销售，他肯定会有一系列产品。如果是工程客户，会有很多类似的工程图片，包括餐厅、酒店。有了这些资料，你就具备帮助客户的条件了。

一、让客户帮忙做产品营销

方法很简单。如果你要推销某些新产品，你需要根据客户的网站制作一些符合其网站风格的图片，让客户得到图片后可以直接放到网站，不需要在下样品单之后再进行新的营销。

如果客户下了订单，你可以根据订单中的款式、颜色在图片库里找到美观大方的图片，根据需求制作黑底或者白底的图片给他。

二、是否关注过客户刚开始做生意时面临的问题

客户向你压价，为什么？因为客户在目标市场有压力，他需要节约成本。客户的成本包括电子商务费用，拆箱费，找专业人士拍摄、处理图片、建立网站的费用，以及其他费用，比如退货服务产生的费用、包装有质量问题需要重新包装产生的费用、产品缺少零部件需要购买并进行维修产生的费用。

三、为什么客户买了产品之后迟迟不下单

客户的大部分时间用在销售产品上吗？当然不是，客户的大部分时间用在客服和处理产品的潜在问题、图片问题和仓库问题上。

客户需要试单才能确定自己想要的颜色、材料。客户需要很长时间才能将展厅布置完毕，并设计出相关风格、布景来配合电子商务营销。

客户的展厅里可能并没有色板、样板支持。

面对客户遇到的这些问题，你能从哪些方面帮助他呢？

你需要提供相关的促销图片和促销价格，将产品放入客户的柜子里，等他销售完再给你结款就可以了。

小客户为什么一直长不大？很可能是市场营销存在问题。看到别人的产品就跟着去开发，存在一定的盲目性。你应该先帮助客户解决他自身的麻烦和问题。

四、为什么客户下单两个月之后一直没有返单

焦急的你为什么不去试探性地问一问？虽然有的客户不会轻易告诉你原因，但他终究是需要你的帮助的。他也许刚刚接触这款产品，也许刚刚涉足电子商务，无从下手，这时你的经验就能够帮助他了。

我的客户下过一个单，当时他的网站已经建好，但是只有一些很灰暗的产品图片，展示的是我卖给他的一些产品。于是，我给客户发了这样一封信。

我的询问

Neil,

Let me know if you have received the new invoice.

You told me you would place a container of lounge chair set.

Is it price or cost's issue?

How about the sales of your goods?

Joe Lau

客户的回复

Hi Joe,

I got your another proforma invoice; thank you for sending it so promptly.

It is difficult to tell the differences in colors from my screen; basically I am looking for a matt walnut finish.

The chairs have very good quality and I am very happy with them, and I will be placing another order. I am finding that the market is slower at the moment, so we are getting low prices for the ones that we are selling so far.

I hope to place the next order at the beginning of next week.

Kind regards,

Neil

我的回复

Neil,

No worry.

I think our price can meet both middle and high market clients. Low pricing is also workable but clients may have higher expectations.

Maybe high quality can make sales faster, your competitors are chasing for price wars on market. But clients always expect to spend more money if they can get high durable or much better products. Don't like the large ranges all same quality and kinds on UK eBay.

We also buy things in Taobao(eBay). But things are almost the same, if there are creative and good explanations. We always buy the proper and durable one not for price's sake.

You can compare with foam, leather pipings, veneer and back picture, alum parts, Herman Miller legs. You are selling with good reputation and warranty. Don't worry about customer service.

I hope you can make 200 sales each month.

Matt finish is already known. It is on the invoice already. We will not deliver gloss finish anymore.

In addition, I think you can save the below costs:

1. Repack charges. With bad packing, you have to hire someone to pack the goods again. Some clients have paid more 30 ~ 40 USD/set to repack when they received.

2. Customer service. Some clients receive the chair and they complaint. They have to replace it, or return policy. It will bring double charges at buying price from an exporter.

3. Long warranty. Some clients want more than 1 year warranty. But our Barcelona chair will be no big problems for 3 ~ 4 years. The home clients are still happy buying from me LCL since they bought at 2005. I can give the names if you need.

4. Customer expectations. Clients will be happy if your quality range raised one or two levels. Some clients asked for discount when the goods have not met their expectations.

5. Fast shipment. We have cooperated faster ships. They charged us the same price as normal speed ships, but maybe can save 2~6 days based on different ports.

Price war will make profit disappear at all competitions. Make close-up pictures on eBay page. You can win by quality and you can win the real lovers of classics furniture.

We have been very bad talking with design addict. They told us they only do low inferior quality products. Many people told us they will gather 3 months income to buy an original one instead of buying knock off or copy-cat.

Many thanks and kind regards,

Mit freundlichen Grüssen aus Shenzhen!

Respectfully,

Joe Lau

接下来的这封回信就比较重要了，你可以从中发现客户需要什么东西。

客户的回复

Thanks Joe,

I appreciate your advice. I will follow some of your suggestions in our next sales.

We will definitely buy from you again. Your chairs are very very good. Can you possibly send me some pictures of the following?

CF021—one black and one brown leather

CF026—red fabric

CF027—red fabric

CF092—hanging with silver cushions

CF066—white with red interior

CF005—black and white pony

CF099—white seat

CF073—white seat

Will these pictures be as good as possible and without your logo on them? I want to put some pictures on our website as quickly as possible. The quicker I can get these on our site, the quicker I can sell them!

Kind regards,

Neil

我知道了他的目的，便给了他要的白底图片。过了两天，终于看到他的网站上那些又暗又难看的图片全部换成了我提供的优质图片。他的感谢信如下。

客户的感谢信

Thanks for all of that Joe.

Thanks for all of the photographs. They are exactly what I was looking for. These pictures are fantastic and perfect. If you have any more particularly items or colors that I have bought, then please keep them coming.

Sales have been slow in the last 2 weeks. I hope to place an order by next week. I will definitely use your company again.

Thank you for your continued support.

You are a good man! I am pleased that we are building up a trust and it makes me more confident to place more orders to you.

Kind regards,

Neil

第八节　有效跟进订单

勤奋的网上推广、详细专业的产品介绍、富有技巧的谈判策略都可以帮助你达成交易，但不能保证你持续成交。只有售中和售后的有效跟进才能给你这个保证。

怎样的跟进才是有效的？要坚持两点原则。第一，统一认识和态度。以长期合作和长期利润为目标来跟进订单。确认了订单，收到客户订金，任务才完成一半。即使按时发了货，跟进也还没有结束。售后跟进加上客户收到货后能顺利销售并获利，才能确保你能获得持续的订单。第二，要主动跟进。主动询问客户可能出现的情况和问题，让客户感觉到被关心和重视。从下面的售中和售后跟进的具体内容中，可以看到主动带来的效果。

一、售中跟进

简单检查一下采购合同和形式发票上的数量、颜色和型号是否一致。清楚知道验货方、工厂跟单者和工厂老板的电话。

根据确定好的交货期，确定每周 3 ~ 6 次电话跟进，面对面询问采购员和驻厂质量管控人员以了解生产情况。具体内容如下。

1. 评估工厂场地、工厂管理水平、生产人员和验货人员数量、生产效率能否完成订单。如果不能，督促工厂负责人在短时间内解决。

2. 确认材料（皮布、海绵、不锈钢管、铁管、木方、木皮、纸箱）有没有准备好，什么时候准备好。如果工厂给了确定答复，到了时间再次询问。如果有需要外发的产品或部件，比如管子需要开槽、铁架要拿到外面喷漆或电镀、需要订购特殊的颜色或配件，尤其要注意跟进，因为这些经常会拖累整个交货期。

3. 在了解生产程序和工厂生产能力的基础上，要给出具体每周或每两周的生产目标，由工厂确认生产计划，具体到每天，定期检查进度是否和计划一致，如果出现异常，及时补救和调整。向质量管控人员了解产前样或首批产品的质量情况，如果有问题，督促工厂解决。

这样细致的跟进，只有一个目的：预先了解生产情况，为生产多争取时间和返修余地，按时出合格的货给客户。同时，这样能够训练工厂重视交货期，并学会合理排货。

4. 向客户报告当前的生产情况，拍摄一些生产线和车间的图片、半成品和成品的整体或细节图片发给客户。在交货期前两周，如果有可能出现交货延迟，给出原因，把解决情况报告给客户并确认一个新的交货期。

5. 根据交货期向海运报关部门申请提前一周安排订舱，询问放舱、发车、还柜、报检、报关、放行情况。注意结关时间。一旦有异常，立即和客户协商解决。

6. 根据达成的支付方式条款，向客户催款。

二、售后跟进

1. 提醒客户追踪单据和货柜到达时间。

2. 货柜到达后，向客户询问包装和产品质量情况。

3. 产品投放市场后，向客户询问终端顾客对产品价格、质量等方面的评价。如果客户在销售或推广中有问题或困难，积极协助解决，与客户一起面对他的消费者。客户实力增强，会直接影响与客户的长期合作和以后的订单。

4. 不定期介绍新产品和产品改进情况。

5. 把取消或降低出口退税、人民币升值、物价持续高涨、材料价格上涨等情况对价格的影响通报给客户，让客户据此调整采购计划。

主动做了以上售中和售后的跟进工作后，就可以把问题降到最少。即使出了问题，也是在你的能力范围内可以解决的一些问题。我们不要解决问题的超强本领，而是要有预防问题的各种技能、知识和经历。

三、跟进的注意事项

1. 订单放在那里不去跟进，情况不会自然而然变好，等到最后可能会出现各种各样棘手的问题，例如出货时才发现货做多了或少了、颜色错了，最惨的就是交货期到了但采购合同还没有确认。

2. 客户像手中的气球一样，随时会跑掉。只有不停地努力，才能抓牢。因为客户面临的选择很多，其忠诚度很低，面对问题稍微懈怠，就会招致客户的不满。不满积累到一定程度，客户就会用离开来惩罚你和公司。

3. 对待问题，要迅速解决。就像一个苹果坏了一小块，你只需要立即把坏掉的部分切掉，就可以享用剩下的部分。如果拖拖拉拉，你得到的只会是一个烂苹果。拖拉的后果不堪设想。

4. 不要理会那些你根本无法解决的问题，把力量集中在其他可能性上。

5. 与采购员、质量管控人员保持良好互动，才能有效地跟进客户。只有内部沟通充分了，才不会出现问题重复确认或确认不一致的情况。

订单跟进不只是质量管控人员和采购员的工作，也是业务员的工作。但三者的侧重点不同，质量管控人员主抓产品质量是否和合同描述以及验货标准一致，出现问题向业务员和采购员同时通报，并跟踪解决。采购员主抓能否按照交货期顺利交货，采购成本能否更低，供应商关系能否稳固。业务员主抓质量控制和采购，核查生产的成品是否与要求的一致，以及生产情况，包括产品价格、质量和交货期。

四、如何解决插单问题

客户插单是影响交货期的重要因素之一。下了订单之后的插单是非常无奈的，你需要将这种无奈扼杀在摇篮里。下面提供几种预防措施和解决方法。

1. 报价表应该有适当的批注，说明哪些产品交货期比较长。

2. 客户在报价表里挑出来的产品，你审核过后就要告诉客户哪些交货期比较长，以便客户在下单前有重新选择的机会。

3. 尽量劝说客户订库存产品。

4. 算柜尽量算准，让客户没有空间可以插单。

5. 告诉客户插单可以，但是无法跟着要发的柜走，可以放在下一个柜里。这样也很可能会让客户考虑准备下一个订单。

6. 在形式发票上注明插单需要重新确认交货时间。客户看到形式发票上有这样的批注一般就不会轻易插单了。另外也要提前和客户解释插单会严重影响交货期，同时要联系生产部门确认有没有现货。如果料齐可以加的话，当然要加上去；如果影响到其他人的交货期，就需要上报申请。

7. 从根本上避免插单的办法是让客户管好销售库存，不将没有订过的产品放在网站上或其他销售渠道展示。

8. 和生产部门摸底销售部门的销售情况，提前备料。

9. 在柜比较满的时候，业务部门可先将订单接下、收齐订金，然后安排到下一个柜里。

10. 工厂应适当保留一些采购期较长的物料的安全库存。供应商的配合也很重要，平时多选一些配合意识强、供货质量高、响应快的供应商。

11. 在安排生产计划的时候，尽量把交货期相近、产品类似的订单放在一起生产，以节省生产线切换的时间。对于那些交货期拖延太久的产品，可以提前安排生产或者提前准备库存。

12. 对客户进行分级管理，保留和增加优质客户，不断淘汰资信状况不佳的客户。在决定插单之前要先审查客户资信与优先级，如果是小客户而又没有利润，可以拒绝客户插单，因为插单会直接影响大客户的交货期。

第四章
外贸邮件的写作技巧

CHAPTER 4

第一节 客户为什么会发询盘

对于这个问题，大家的定向思维是，对方有采购任务，所以需要一个有竞争力的价格。

但实际上，如果大家换到对方的定位上，询盘就没有那么简单了。

垂直客户询价一般会是下面几种情况。

1. 零售商、批发商的产品类目里缺少这个类型的产品。他会群发给许多制造商询问多种款式产品的价格。

2. 室内设计师或者建筑师需要购置他们工程中所需要款式的产品，而你的产品刚好类似，所以向你询价。

3. 已经找好供应商的客户需要对比同款产品供应商之间的价格，所以向你询价。

4. 贸易公司收到客人订单，计算出利润后需要各种供应商的价格作为参考，便会询价。

5. 经营此类产品多年，但是其现有的供应商出了问题，想更换供应商，便进行询价。

6. 个人家用或者有私用需求，所以需要询价购买。

7. 亚马逊、eBay 上的网店需要采购，而你公司的网页不支持他们在线下单，他们需要进一步询价。

第二节 回复询盘的时效性

最理想的回复时间是 2 小时内，如果实在达不到，最好是 24 小时内。但要注意，根据对方的上班时间回复。超过了这个时间段，会被买家认为专业度不够、效率低。如果是比较复杂的产品，中间需要其他部门配合的话，也要把回复时间控制在 48 小时内。

总而言之，就是越早越好。但要注意三个细节：第一，不能影响专业度；第二，注意对方的上班时间；第三，尽量不要超过 48 小时。如果时差很大，黑白颠倒，就要争取在对方上班前半小时发出回复邮件。可以好好利用邮箱的定时发送功能，大多数邮箱均有这个功能，定时的时候看好时区。一般来说，上班前半小时收到的邮件会出现在客户邮箱的第一屏，不用翻页就能看见，这就是抓住这个时间点的原因。

第三节 如何回复第一封询盘邮件

如果是有价值的询盘，一定要及时回复。一个客户可能咨询了很多卖家，但他只会跟反应最快的卖家接洽。只有第一个回复的卖家没有他想要的东西或者服务不行，他才会再跟第二个卖家接洽。

对于室内设计师或者建筑师，你要在类似的工程款式上给他所需要的产品图片，包含尺寸、颜色，而价格问题应该是在他确定需要或者已经接近成交的基础上再进行洽谈。

对于已经找好供应商、只是想要对比同款产品供应商之间的价格的客户，你可以发一份只有 10 款类似但是价格低廉的产品价格表给他，然后让他进一步回信跟你洽谈款式。

对于收到客户订单的贸易公司，它们对价格非常敏感，因为要实现价格利益最大化，所以对它们报价一般要精准，然后再开始谈交货期、品质等问题。

对于经营此类产品多年，但是现有的供应商出了问题，所以想更换供应商而进行询价的客户，一定要先解决他的问题，如果他的产品已经断货，你需要尽快帮他补货。向他询问现有哪些产品存在缺口，并且用自己的产品补上去。通常需要发一些图片给客户，让他辨别是否和他之前经营的产品一致。

对于个人家用或者有私用需求，所以需要询价购买的客户，一开始就应该问明来意，是否是家用或者自用。一般这样的客户要的量少，他们对价格的接受度应该比经销商要高。

对于亚马逊、eBay 上的网店需要采购，因你的公司网页不支持他们在线下单而需要进一步询价的客户，应该制作一些低价、固定最小订量、体积小的产品报价给他们，然后尽快在公司网页上添加那些有反馈和下单的产品链接。

第四节 回复客户邮件的原则

处理客户电子邮件的四个原则：简单、可信、恰当、快速！

一、简单

语言要简练，不要啰啰嗦嗦，言之无物。

我得推翻我在 2007 年时候的一些观点，因为那时候的客户与现在的客户不太一样了，现在的客户相对急躁。所以需在第一封邮件里面简短答复客户的询盘，争取到继续联系的机会，而不是被客户第一时间刷掉。

千万不要小看处理电子邮件的艺术，很多外贸业务员其实都不懂如何写一封好的电子邮件。其中的关键就在于能否很好地把握买家询盘的真正意图，从而给他最需要的、最有针对性的答复。

二、可信

简单并不是要你省略最基本的礼仪，我相信任何一个人都不喜欢不礼貌的回复。和买家开始联系时还要注意，在电子邮件的后面一定要附上详细的联系方式，包括你的姓名、职位、公司名、电话、传真、邮箱地址、公司网址和地址等信息内容，给对方留下一个很正规的印象。有些业务员回复邮件时常常丢三落四，很容易给人留下不良印象。

三、恰当

恰当其实是最不容易的！这里面不仅包含了前两个因素，更重要的，还需要专业。

1. 买家总希望和精通产品的人打交道，如果你在回复询盘时错误百出，一看就是外行，买家会认为你不是真正的生产厂家，或者对产品并不熟悉，很可能就没有下文了。所以回复时一定要附上详细注明产品的规格、包装方式、功用、报价等的资料。

2. 充分利用电子邮件传递图片的优势，这样更能说明问题，同时也可以降低成本。

3. 发出邮件之前，要仔细检查一下，有无拼写或语法错误，尽量把给别人留下不良印象的可能性减到最小。

4. 报价要斟酌，不要留下太大的压价余地，否则会让买家产生怀疑。而且要细分客户，也就是说根据客户所在的国家、地区不同给出不同的报价。比如，欧美客户和东南亚、南美、中东的客户会在产品档次上要求不同，如果你给东南亚、南美、中东的客户报欧美市场的价格，很可能会把对方吓跑。当然，有竞争力的价格通常也会有比较高的门槛，比如最小订量，等等。不过对于一些有潜力的新客户，也不要把门槛定得太高，有时候建立一个贸易关系并且和谐持续健康地发展下去，就可能会把小客户变成忠诚的大客户。

四、快速

买家总希望尽快得到回复，特别是互联网在国际贸易中的应用，也使得很多国外买家更乐意用电子邮件这种方式沟通，原因是成本低和效率高。

如果对客户的回复太迟，不仅会失去商机，而且会使对方对你的效率及能力产生怀疑。即使不能立即答复问题，也应该立即告知对方你们在内部商议后再给予明确答复，并且明确再次答复日期，切忌盲目应承，以免起反作用。

还有一点需要注意的是，要不断地跟踪曾向你发过询盘的客户。这一点非常关键!!! 很多人往往觉得网上信息多、成交少，或者没有成交，就失去了信心，并对收到的询盘不再重视，这是非常狭隘和不恰当的做法。换位思考，换了你是买家，你会第一次就向一个你不了解的供应商下订单吗？更何况现在的市场基本都是买方市场，买家不管是通过电子商务还是传统商务手段，轻而易举就能联系到无数供应商。所以，千万不要轻视买家的任何询盘！

第五节　邮件的主题

无论是开发信还是回复的邮件，从主题到内容，就这么一小块空间，所以把每个细节做到极致就显得非常重要。下面要讲的就是这些细节。

翻阅邮箱就会发现，你经常会收到大批主题非常相似的邮件，特别是阿里巴巴平台上发来的询盘。而差异性的主题，就和淘宝的主图一样，是会带来点击率的。

写开发信时把客户最可能关注的信息放到主题中即可，切忌广告味太浓，否则会让买家以为是普通的推销邮件。例如，查看过客户资料，了解到客户是主营灯饰类产品的澳大利亚客户，那么在开发信的主题中，不妨直接说自己是通过澳大利亚标准认证（SAA 认证）的灯具供应商等。开发信属于广告的一种，但我们要做有价值的广告，要有针对性，让客户看了不反感，只谈大让利、大促销而没有具体产品信息，可能效果就不好，甚至会被客户的垃圾邮件系统识别到敏感字进而被屏蔽。另外，还可以直接写上价格区间等内容，这些都是买家最关注的。

邮件主题里要不要写价格？我觉得这个非常有争议，在主题中写明价格，如果价格没优势是不是反而会吃亏？大多数时候价格都不是决定客户意向的绝对因素，但价格往往能吸引客户阅读邮件。写价格是一种策略，但没必要一定写便宜的价格，写合适的价格就可以。所以也要看客户、看国家、看市场，再来“下菜碟”，欧美客户可能更加关注产品本身及溢价，而其他生存期的进口商可能只在意差价。但要注意，群发信、开发信主题一定不要写价格，否则直接会进入邮件垃圾箱，只有对已经联系上的客户才能在邮件主题和内容里写价格。

总结一下，建议在开发信主题中写明的元素有产品名称、认证、企业认证、创新产品特点等，不必都包括，有 2 ~ 3 项即可。当然，也可以参考国外大网站的那些开发信、新闻信。

关于邮件主题还有以下几个原则：避免主题雷同；有的放矢，不要无中生有；突出主题的差异化；注意语气，避免让客户反感；不要使用敏感词，免得被归入垃圾邮件。

第六节　邮件的格式

邮件的格式包括内容格式和排版格式，这里主要讲述内容格式。

内容格式是指写信前心里要有框架，这封邮件最重要的是跟客户沟通什么，其次是什么，各内容的篇幅占多少。我见过有的回复邮件开头先来两大段公司介绍，这样会起到反效果。一般来讲，内容上，先给答案，再做引导和提问，如果需要公司介绍，控制在三句话内。第一次回复，除了回答客户的问题外，引导话题和问题最好不要超过 5 个，先提炼最中心的、容易引出客户意向的问题。

如果客户有问题，可以在客户的问题下面直接用另一种字体或颜色的文字来回答，比如：

Please find my answers in red.

* For the tubes, are they a light tube or can you supply the bulbs to fit?

No, it is not with tube or bulbs, it is fixed LED.

* Can we request warm white colour temperature?

Yes, we can do warmwhite, around 3500k ~ 4000k. You can require specifics when order.

* Are you able to package with 2 per box to save space?—this is for an installation not retail, so do not need individual boxes, also do not need any ceiling rose.

Yes, we can pack them the minimum.

* Can you pls let me know the cut off date... if sea freight is possible with timing.

I will ask the fastest lead time and let you know soon.

在组织内容框架时，要避免以下做法：

1. 看一遍客户的询盘马上就回复；
2. 没做分析，直接回答问题；
3. 没有安排邮件架构，主次不分，表述不明，排版混乱；
4. 英语理解错误，答非所问；
5. 冗长而拖沓，导致客户读起来困难从而失去耐心。

第五章
外贸邮件往来案例

CHAPTER 5

第一节 外贸第一单

来新公司近两个月，我终于完成了入行以来的第一单。虽然数量不多，只有 24 样产品、30 件货，但是我仍想梳理一下首单的成交经验并与大家分享。

我所在的公司是一家有进出口权的外贸公司，专营家具，货值有大有小，商品体积比较大。一般样品单过后就是柜单，利润比较可观。但我们的客户很少是专业买家。据我统计，在这些客户中，80% 连提单、FOB 是什么都不知道。所以我们从磋商开始讲起。

下面是来自客户的一封询盘信，很简短。

客户的询盘

> Please send us your sales and delivery terms as well as catalogues and price lists.
>
> B. Regards,
>
> We would like you to know other information.

收到询盘信后，我没有报价，只是把详细的产品目录发了过去，并且询问了一下对方公司的情况，提出了一些问题，例如最小订量、能否一次买柜、目标市场是哪里、能否接受指定付款方式，并且把公司网址附在邮件中，要对方把感兴趣的货号告诉我。

客户的回复 1

Dear Mr. Lau,

Reference is made to your kind mail DTD 16. 08. 05 with attached price list and sales terms about your items.

We are a trading company, that wholesales and retails various bathroom furniture for the past years.

We are dealing with wholesalers, hard ware and furniture chains as well as retail shops. We have our own distribution network for our offered bathroom furniture and alongside with that two retail studios for modern furnishing.

For our enlarging of offered items we have directed our interest towards modern furniture of trendy and modern design on reasonable and competitive prices. For this purpose we are looking for manufacturers who can supply us with small quantities and bigger variety of furniture on a regular basis.

Our two ports of dispatch are Ningbo and Guangzhou. We are also looking for ready made furniture which can be shipped ASAP.

After we checked your web page, we will need more information about offered items by you, such as color catalogues and small samples of fabric.

We would like to comment on your min. Qty – one 20′. We deal with other Chinese suppliers by combining loads in 20 and 40 containers. However, as your furniture is very versatile and you have many models, it will not be possible for us for first trial orders to import full 20′. In our long-term practice we prefer to buy smaller qty's more frequently to keep up with trend changes.

Also in furniture line we will just be beginning to offer new furniture, and will require at least one full year until we can be sure which models are suitable for local market.

All the more we have to try out your items first in local market and see demand, quality and competitive price.

Re: payment terms—your offered pmt terms are the same to our pmt terms 30% T/T and 70% balance pmt upon original B/L, so it is OK.

Awaiting your favourable news and comments I remain with regards.

Ekaterina

客户的回复 2

Dear Joe,

After I checked your detailed web page, we express initial interest for following models. We will need their FOB Guangzhou prices for perusal and their packing dimensions:

YD-6101　　Modern chair

YD-9458	Modern chair
HZ-9455	Modern chair
YD-9411	Modern chair
YD-9451	Modern chair

Please furnish us with your prices and inform whether you have inquired models in stock for us to choose samples.

Awaiting your news ASAP, I remain with regards.

Ekaterina

在这个过程中，我犯了几个错误。第一个错误是接受了见提单付款。因为我们是外贸公司，必须先把钱垫付给工厂生产，之后发货、进舱，开船后才能拿到提单。现在接受了见提单付款而不是发货前付款，等于是占用了资金，而且存在一定风险。正确的做法应该是和客户磋商付款方式，选择更有利一点的方式，比如样品单前 T/T 100%，或者 50% 或 70% 发货前付款。第二个错误是没有仔细核实客户列举的这些货号对应的产品是哪些厂做的。虽然客户买得少，一款产品只要一两个，但后来我才发现这 24 件货竟然是由 7 家厂来做的。正确的做法应该是逐一核实客户意向产品的生产工厂，提前做好准备。

当时我在邮件中贴了一些主推产品的照片。客户还是十分满意的，而且我根据产品发过去 4 份报价单，结果客户就开始在报价单里挑产品并回复我。

客户的回复

Dear Joe,

I am just finishing my trial order but will be ready by tomorrow as you sent me a lot of quotations and I have to carefully look into them!

Will be in touch ASAP.

Thanks + B. Regards,

Ekaterina

p. s. new photos were well received!

客户从4份报价单里挑出了很多款产品且没有还价，估计这也是老买家的做法，因为做散货样品是很麻烦的。

这一次客户直接用我提供的照片和表格做出了订单给我。看得出客户很急，因为订单做得十分粗糙。但是邮件里指定了出货港和货代，并说明正在估算运费。

客户的回复

Dear Joe,

Please find enclosed my trial order and fill in the missing prices and check the CBM so I do not make mistakes.

Please inform me of sales terms and delivery time.

Also check with local transport company of fare to transport goods to port of discharge Chiwan, Guangzhou.

I am currently checking with my transport agent which will be port of discharge and will inform you.

Thanks and Best Regards,

Ekaterina

于是我做了一张漂亮的表格，连同形式发票一起给了对方，并且在邮件中要求确认收到。

过了两天没有消息，我便写了一封简单的催款信。

我的催款信

Dear Ekaterina,

How is the progress of your order? If you can pay the deposit now, we can now arrange the production that can save time.

Many thanks and kind regards,

Joe

现在看来，发催款信的同时我应该告知对方买材料需要一段时间，并告知对方只要见到他的付款凭证就可以提前买材料，这样也是可以让客户提前付款的。只要符合实际，一般客户是可以接受的。

催款信发出去当天，客户就完成付款了，并且告知了货代地址。我用 MSN 加了货代，并打电话询问了结关期。因为客户的订单是由几个供应商分别出货，所以很可能要等所有供应商备完货后于一个结关期进舱、开船。然而我当时并没有注意到这一点，也没有和客户沟通交货期，所以后面产生了一个很大的麻烦。

客户的来信

Dear Joe,

Please find attached copy of payment document as per your proforma invoice.

Also please inform when goods will be ready and also note our local transport agent.

Johnny Chan / Marketing
× × ×SOUTH CHINA
TEL: 86-0755- / DIRECT LINE: 86-0755-
MOBILE: 86- / FAX:
MSN: × × ×· @hotmail. com

We need goods to be in terms FOB Chiwan so please inform how you will go about transporting goods to port of discharge.

Best regards,

Ekaterina

我们收到了订金，不过也被扣掉了 31 美元的手续费。

收到客户的订金只是第一步。和工厂的磨合才是真正的开始。和工厂签订购销合同时我才发现这批货是由 7 个厂做的。更糟糕的是，我需要在 15 天内买齐材料，让工厂加工制作。实际上很多工厂是有可能不接这种散单的，而且更麻烦的是需要在发货前将货物全部运到深圳。当知道两家厂在深圳、三家厂在顺德，还有两家厂分别在东莞和韶关后，我完全傻眼了。

此时，我进退两难，既不能直接告诉客户，也不能因为几件货影响和工厂的关系。最后我一次性做了 7 份购销合同，在同一天传给工厂，将样品制作时间控制在八九天，质量要求也很高。

过了 4 天，工厂的样品从韶关寄过来了，因为我当时不知道可以走货运，而是直接走的快递，一张按摩椅就花了 150 元的运费。关于付款方式，协商很久才定好 30% 订金、70% 发货前付款。关于产品细节、材料、价格，也和工厂讨论了好久。有些产品他们都是不做了的，最后定于 8 号全部做好，9 号发货。顺德工厂的货采取货运方式，其他工厂的货需要我驱车去提。9 号当天，我在深圳的清水河货运站提到两批货，在深圳关外提到一批货，在东莞提到一批货。因为客户临时加了一批货，我便又安排韶关工厂生产。

然而，顺德工厂的货物包装出现了大问题。订单中的那张床是拿旧纸箱包装的，胶带不牢固导致珍珠棉破了，床木架也露在外面且有轻微的划伤。因为货值太高，我便在深圳的工厂找了点海绵把脏东西擦掉，补放了珍珠棉，然后又用胶布封好。我还给顺德工厂的质量管控人员打了电话，要求他们以后走散货拼箱时一定要打木架，如果因为包装问题没有返单或者客户索赔，由他和工厂负责。

因为是和其他供应商拼柜，而我们是最后一个装货的，所以只能把货放到路旁，等货柜车来。终于，一辆 40 尺的货柜车开过来了。打开货柜，我一看就傻眼了，里面的货竟然拼得乱七八糟，毫无次序。我们的货占 10 立方米，但是一看就知道，里面的空间最多只有 7 立方米。我也是上去帮忙后才知道原来拼柜是这么复杂的事。为了把所有货物放进货柜，只能不停地排列组合。两个小时后，终于将最后一件货塞了进去，当时觉得完全不可能放进去的货竟然放进去了。然后关好门，贴好封条，记下车牌号、货柜号、封条号，告诉司机可以发车。货柜车一走，我整个人终于放松下来了。

第二天，我还是有些担心货会被挤坏，还跟客户抱怨了其他供应商。后来想想抱怨真的没必要，因为这样会让客户担心所有货，需要提心吊胆一个月。当时客户什么也没说，直接就要我给货办保险。我计算了下保险大概 12 美元，于是收了客户 50 美元，以补全 T/T 手续费。又过了一天，我让报关部向货代要提单。货代发来提单复印件，我扫描后给客户确认，客户指出自己的名字和国籍拼错了，并加上了联系电话。我又把更新后的客户资料加到提单里给货代确认，出正本，扫描给客户看。客户没有立即回复，之后我又把保险单扫描发给客户，客户终于回复了。

客户的回复

R Joe,

Thanks for your E-mail and copies of B/L as well as insurance policy. All was well-received.

Please note that tomorrow I am instructing our bank to T/T balance pmt in your favor. I will send you copy of pmt document.

I also hope goods will be well liked on local market.

Thanks for your cooperation and pls remember to attach any catalogues you

> have for new items as well as massage chairs so we can prepare our brochures.
>
> Best regards,
>
> Ekaterina

客户已经在邮件中明确表示要付款，我就不催了。又过了一星期，还是没有任何到款的迹象。于是我先尝试和客户的货代联系，询问了客户的情况。然后又给客户发了一封邮件，大致意思就是船快到了，但是提单未寄出，担心耽误提货。实际上我最担心的是客户这一整柜货是拼单的，如果拿到其他供应商的提单自然就能提到所有货，因为我的货是无规则排列在最外面的。由于我平时与货代的关系非常好，货代告诉我，他们和这个客户合作几次了，信誉不错。我又要到了客户供应商的联系方式，供应商们都说，与这个客户合作过几次，这个老客户有时会忘记付款，但信誉还是不错的，会付钱的。

这些好消息终于让我心里的石头落了地。第二天客户便把付款凭证传给了我，一分不少。两天后，货款到账了。我准备了提单、商业发票、装箱单、产品目录、保险单，一并寄出，并把查询号传给客户，客户查询后确认无误，这一单就算真正成交了。

经验分享

1. 一开始一定要明确生产厂家、价格、生产期，并且要在交货期里加一星期的辅料采购时间。如果不好操作，一定要换成自己好操作的模式。定下交货期并与客户确认，把辅料情况反馈给客户，确认后方可生产。

2. 订金到账之前一定要做好准备工作。如果和工厂关系比较好，可以让对方准备辅料，到时候一起生产。

3. 和工厂确认时间。若工厂不在一个地方，可以要求他们在进舱前两天完成生产，为确认装箱预留时间。

4. 严控质量。赶出来的东西是无法保证质量的，实在无法控制质量就取消订单，免得索赔。如果样品质量不好，就不要陈列出来，也不要卖出去，否则影响公司长远利益。

5. 风险是肯定存在的，但要在能力范围内降低风险发生的概率。

第二节　5 天成交的一个样品单

我曾经接了一个小单，约 5 立方米，下面展示往来邮件并分析。

客户的询盘

> Subject: Marshmallow sofa
>
> Message: Hi. I am interested in the cost of this item, for 5 or 10 plus shipping to Sydney Australia.
>
> Could you provide your cost plus shipping expenses so that I may compare?
>
> Thank you very much in advance.
>
> Attachments: none

从此信来看，客户是通过搜索产品关键字找到我的；他只看中这一款产品，表明还有推荐其他产品的空间；他需要 5 ~ 10 件货，表明他并不是家庭用户，而是小店主或者小零售商，也有可能是企业用户；他在悉尼这种大城市，应该有一定购买能力；问到海运费，表明他也是贸易熟手；想要比较海运费，表明他很想知道从我们港口到他那里的成本，也有可能他手中有一份别人的报价，或者在他的城市里也有现货，他需要核算成本来计算是否采购。

了解了这些情况便有了回信的突破口。根据我的经验，第一封回复邮件应当找到突破口，从而提高对方回复的概率。是否要在邮件中报价也因人而异，有的客户收到价格后反而石沉大海了。所以第一封回复邮件一定要紧密结合询盘的内容，因时制宜，具体问题具体分析。但要注意的是，邮件中尽量不要有附件，因为容易被归入垃圾邮件。

我的回复

Dear William,

Thank you very much for your inquiry.

Regarding the Marshmallow sofa.

If you require with full leather this item cost, ××USD/pc.

If in fabric this item cost, ××USD/pc.

I checked the shipping to Sydney about 35 USD/cubic meter and about 2 sets of Marshmallow a cubic meter.

To produce them will cost 20 days approx. To send them until arrival in Sydney about 15 ~ 17 days.

Any question please let me know. Do you require pictures also? Our website is www. modernclassic. cn, please let me know if you also interested in something else.

Many thanks and kind regards,

Mit freundlichen Grüssen aus Shenzhen!

Respectfully,

Joe

我先尝试性地报了价，并且告知其货物的体积、包装方法和按照体积计算海运费的方法，顺便告知交货期和船期。而其中一句是否需要图片也是给客户回复的理由。附上公司的网站是为推荐一些其他产品创造机会，如果客户觉得海运费比较实惠的话，就会多买几款产品。

德语“Mit freundlichen Grüssen aus Shenzhen”是我在商业信函中使用的一个小技巧。有时面对其他国家的客户，我会告诉他们，我主营德国市场。这样客户可能会认为我做这行的时间很长，将产品卖到过德国这么高要求的市场。德国的客户有时也会好奇地问我，你会说德语吗？总之，这一句问候和其下的签名，给人的感觉很工整，很符合欧洲简约的风格，和我销售的欧洲经典家具也是对应的。实际上签名可以和自己的行业、产品挂钩，从而吸引客户的眼球。

客户的回复

Hi Mr. Lau,

Thank you for your very quick response.

I am interested in purchasing these from you; I would love to see some pictures and possible color combinations of the Marshmallow.

Are you saying that to ship two items it would be 35 USD?

Can I also ask the price of 2 Tomato chairs and also the cost of 2 half dome chairs plus shipping?

Thank you for your information. I look forward to hearing from you.

William

一般客户会继续发第二封邮件就表明成交概率有 50% 了。另外，从他后面加的产品来看，便宜的海运费和公司网站宣传已经到位。海运费低廉，买 2 把椅子只要 70 美元，他就会想买 4 把椅子也只需要 100 多美元，所以会写第二封邮件找我确认。

我的回复

Dear William,

Yes but it based on CBM.

Each shipment we must pay THC 69 USD, DOC 20 USD and LCL 5 USD/CBM.

Currently we can have black/white/red combinations, because just little pieces it is hard for us to cost more leather.

So it should be 35 USD/CBM but at least 5 CBM then we will not lose cost.

Tomato chairs each × × USD/pc, 1. 2 CBM.

Half dome chairs each × × USD /pc, 0. 7 CBM.

So totally will be 1. 2 × 2 + 0. 7 × 2 + 0. 5 × 2 = 4. 8 CBM. Can it be 5 CBM?

Shipping cost to Sydney will be 4. 8 × 35 USD = 168 USD.

Many thanks and kind regards,

Mit freundlichen Grüssen aus Shenzhen!

Respectfully,

Joe

我在回复中告诉了客户我这里的本地费用，并且告知对方货物体积达到5 立方米才能采用先前报的海运费计算方式，并且进行了一次模拟计算。

客户的回复

Dear Mr. Lau,

Hi, there and thank you for your reply.

I am thinking maybe I can use the space better than the Tomato chair and order a sample of the Product Name: Sessle Eye Ball Chair. Item No. : CF069. What would be the costing of this?

Also as an additional consideration could. I have the pricing of Item No. :

CF064. Product Name: Parabel Table.

I would like to place a small order first and have a look at the goods then order several more of each item afterwards if I am happy with them.

Thank you very much for your help.

Can I also ask if you stock the Marshmallow lounge as attached?

Thank you,

William

客户的大意是：他会在样品单后购买更多产品；在成本和款式方面，希望我能给予更多选择和帮助；最后附上一款不常见款式的椅子，希望我能打样。

我的回复

Dear William,

Do you mean the Marshmallow the blue fabric or leather? But if you order one pc that lead time will be very long.
Hard for leather. But if you order 10 pcs more, I can have an idea.

CF069 × × USD/pc(× × USD/pc if 5pcs more), 1. 2 CBM each.

CF064 × × USD/pc, 0. 35 CBM each.

Many thanks and kind regards.

Mit freundlichen Grüssen aus Shenzhen!

Respectfully,

Joe

我报了产品价格和立方米数，并且委婉地告诉客户如果要那种不常见的款式可能要做很长时间，并且有最小订量。一般客户都会知难而退的。

客户的回复

Hi, there, I am getting ready to place order. If I was to order a small delivery of 2 lounges, 3 half dome chairs and 2 CF069, would you be able or organize delivery to our address? Or would we have to collect from somewhere?

Thank you,

William

客户模拟了订货数量，并询问如何提货，这离下订单已经很近了。

我的回复

Dear William,

Call the agent go to Sydney port.

So you will pick up there or you ask the agent to send you directly the address after clear custom.

I will prepare an invoice to you tomorrow.

Thank you very much,

Joe

我告诉他需要在港口提货，因为海运价不包含货物到港后的费用，一般货物到港后还需要交拆箱费、商检费、增值税、陆运费等，也需要三四百美元。所以客户问是否到门时一定要清楚告诉客户，这些货只到港口。到港后交费清关，这样就不会产生争端。另外，在快要成功引导客户下单的时候准备一份发票也可以加速客户下单。

客户的回复

Thank you Joe, I think I will place my order on Friday.

May I ask the price of the item Ball Chair 066? I am thinking of getting this instead of 069. Or perhaps the CF182? Also could you please provide available colors in leather for Marshmallow lounge?

Thank you for answering so many questions. I look forward to making several purchases from you.

William

客户确认了下单的时间并且又问了几款产品，实际上他心里已经确定了订单的立方米数，只是还未确定款式，所以接下来的回复就要针对款式了。

我的回复

William,

CF066 is same price with CF069, but CF182 is more expensive because it is full acrylic.

CF182 is not available at LCL order because it is bit danger (easy to scratch).

LCL means a combination of a full container, but it will load and unload times when it arrives in port.

The acrylic bubble is safe when it load container at our warehouse.

If you can send me a copy of payment that I can arrange production immediately.

Please confirm order in weekend, thank you.

Joe

我告诉客户其中一款产品在散货中容易被刮伤，这也是很重要的，做生意的人并不是唯利是图的，一定要对货物和客户负责。

另外，在邮件中表示希望对方传水单以便开始生产也是有技巧的。这样写的好处是：

1. 让客户快速付款，以免有变；

2. 缩短交货期，一般客户传了水单，取消付款和订单的概率就非常低了，此时安排生产可以缩短生产时间，从而缩短交货期。

客户的回复

Joe,

Thank you enough for your help.

I realized that I should order a full 5 CBM of samples so not to waste the space.

I am thinking I will order the ball chairs, the Marshmallow lounge, and how much is the CF003 bench?

What methods of payment do you prefer?

LCL means that it isn't all my items in the sea shipping container, it is shared with someone? And then when the container arrives here they call me to come collect?

William

客户表示感谢，确认了款式和立方米数，同时询问了提货、付款方式等问题，那么下单近在咫尺了。

我的回复

Dear William,

The CF003 bench cost ×× USD full leather. You can choose red/white/black color.

When it arrives in custom the forwarder will call you to pick up. Also you will have to pay the local charges, tax etc. At our side we also paid the export tax, THC etc.

Bank transfer will be best. When you see invoice you will know.

Many thanks and kind regards.

Mit freundlichen Grüssen aus Shenzhen!

Respectfully,

Joe

我告诉客户货物到港也会有费用，进口和出口都会有一定费用，并且形式发票会详细写明银行付款的相关信息。

客户的回复

Hi There.

Could you please prepare an invoice for?

3 ×(White fiberglass with blue fabric)

1 ×(Black leather)

1 ×(Black/White)

LCL shipping to Sydney.

Thank you very much.

William

客户终于下单，刚好 5 立方米。我复印了一份形式发票的模板，把客户留的地址抄写在抬头，修改合同号，填好款号、颜色、产品描述、交货期、海运费、付款方式、银行账户等并发给客户。客户当天就按照形式发票付了款，第三天钱就到账了。

第三节　与客户建立友谊

这一节，我讲讲和客户之间的友谊。时间久了，互相了解了，合作顺了，而且又没有出现过大的质量或交货问题，彼此之间的信任就多了，自然而然就会产生友谊。

我有一个法国客户，也是我的朋友，虽然他买的东西不多、利润也不高，但是和他交谈是一件十分开心的事。我把和他之间的事分享给大家。

和所有客户一样，我们的相识也是从一次询盘开始的。

客户的询盘

Dear Mr Lau,

I am interested in your products so can you give me the prices of your different items?

Thank you and best regards,

Jean Valot

我收到询盘之后便回了邮件，而且接连回了三封，但是对方好像一封都没收到，又发来同样的询盘。又回了两封邮件后，我就有一点奇怪了，于是又到 Made in China 网站上去发邮件，对方终于收到了我的邮件并做了回复。

客户的回复

Dear Joe,

I am sorry but I did not received any of the 5 mails you sent. Maybe there is a problem with AOL. Now everything seems to be alright and I thank you. My main worry is the quantity to order that is to important for me, specially for the first time, but I will study the question.

Best regards,

Jean

我终于明白，因为广告邮件太多，我们的服务器被 AOL 屏蔽了。当时我没办法，又不好意思问客户要其他联系方式，便直接在 Made in China 网站上给客户发邮件沟通，但每次都是他可以发给我，我却发不到他那里。终于有一天客户问到了产品。

客户的回复

Dear Joe,

I'm sorry for the problem you encountered in trying to contact me. The reason is certainly a problem I had with my computer.

I am very pleased of your E-mail.

Can you tell me which is the cost for two HZ-CF004(without ottoman if possible) sent by air and LCL part shipping to Barcelona?

T/T payment is OK.

Thank you very much.

Best regards,

Jean

当时他不知道如何清关，也不知道 LCL，更不知道海运费如何计算，这个时候我除了确定付款方式之外，还劝说客户使用海运，把港口变为巴塞罗那。因为我打电话询问，发现走散货到巴塞罗那有特价，5 美元 1 立方米，而我算了算费用，加上码头建设费、报关费等一共才 160 多美元。

客户的回复

Dear Joe,

I am going to achieve my registration in Spain. I don't forget your proposal. I will contact you when everything is done.

Best regards,

Jean

因为我们的产品在欧洲有版权，所以客户要发布我们的产品也需要在欧洲办一些手续。过了很多天，客户终于向我询问价格了，表明所有问题都已经解决。我报价之后，客户对其中一款家具提出了一些改进的建议。

因为对方是法国人，所以有时会在邮件中使用法语。

客户的回复

Bonjour Joe,

Merci pour les photos.

This LC4 seems to be very nice specially concerning the quality of the leather. Nevertheless there is a point that could be improved in my opinion. It is about the size of the cover. It seems not to be long enough in the front(see the attached pictures of my LC4). Maybe the reason is, that the curved iron part in front seems to be more important than in the original item (or maybe it is a problem of perspective due to the picture).

I hope these comments could be useful for you.

Amitiés,

Jean

当我给客户看了我们热销的红色沙发时，他也非常兴奋。

客户的回复

Bonjour Joe,

Merci beaucoup pour tout ce que tu fais.

I saw your pictures with pleasure, there is no doubt that the goods will be "Top class". Just a little remark concerning the packaging: the words as "Barcelona chairs" and so on must not appear on it.

An other question about the length of the LC4 cover, will it be a little more longer compared to these seen on this pictures ?

Amitiés,

Jean

我复制了客户所有的要求，发给质量管控人员、工厂厂长、跟单员，表示务必要满足客户的要求，并将这件事同步给老板。然后我回复客户说我会第一时间解决他提出的问题并把图片发给他。我还画了一张图解答他关于日间床的一些问题。最后，他写了一封感谢信。

客户的回复

Dear Joe,

You are really a nice guy. I am sorry for all the difficulties I gave you. But now I am sure, with your help to have all the details clear in my mind.

The order is the same concerning the quantity. The differences will concern the lounge-chairs. I prefer them in full leather, black and red one(price 250 USD).

Concerning day-beds, there is nothing to change to the initial order. Your drawing is very easy to understand. (Napoleon said: Un dessin vaut mieux qu'un long discours ! A simple drawing is better than a long speach). You can made the central bottom part in red fabric, it is a good idea, no problem.

Everything is now OK concerning the order.

The only last problem is from my bank account (fiscal number of registration). My Spanish lawyer told me this afternoon she will do her best to made the deposit transfer possible for Tuesday or Thursday.

......This first step appears for us is not so easy to do, but I hope the march will be long!

Merci pour tout Joe, bon repos et al semaine prochaine.

Jean

不仅如此，客户还在自己家里拍了照片来支持我。

客户的回复

Dear Joe,

Here are the pictures I took of my Chaise-longue. This is not the official re-edition by"Cassina" who owns the copy-right. Nevertheless, the quality is good, the main difference with the official one is about the leather that is not so thick on mine. I think your item will be better than this because of full Italian leather. What is very important about the leather is that it must be in two parts maximum in the upper side. I saw on the pictures you sent me one of yours(in white color), that is in 3 parts, this is not good.

The official one has saddles as yours, not as mine, so it will be better.

I think our version of this item will be one of the best available on the market, you can communicate on that point for sure.

Bonne fin de journal Joe et abientot.

Respectfully,

Jean

虽然按照客户的要求修改款式可能会导致原材料浪费，但我当时已经十分信任这个客户了，所以下定决心即使成本变高也要满足客户的要求。实际上，通过这个过程我对产品也更熟悉了。客户也没有含糊对我，准时按照承诺付了 30% 的货款。

客户的回复

Dear Joe,

This day has not been a good one. Nothing dramatic but I went to Spain for nothing. There is always paper missing! So I could not send you the deposit (× × USD, you are right). It is just the mater of 2 or 3 days and everything I hope will be alright.

Concerning the problems you encountered with the PVC, I am not sure to have understood everything. Does these problems only concern the red color?

I hope it is. I know the LC4 longue-chair I have one at home and I know of course that the bottom part always appears at sight, so if it is made of fabric the result will not be good, and I prefer that you propose a price for a full leather one, up and bottom.

Concerning the day-bed, the problem seems to be less important but I would like to know if the peripheral part of the bottom is in leather to avoid the fabric to be seen? Can you tell me the price for a red day-bed in full leather?

At last, can you tell me the average thickness of the leather used?

That is a lot of questions, of time lost. Excuse me, Joe.

We are used to say: La vie n'est pas un long fleuve tranquille. (Life is not a long and easy river. . .)

J'attends de tes nouvelles,

Jean

我也没有辜负他的期望，一一解答了他的问题，并把所有产品做好后全部拍照发给他。还记得他一次信中的话给了我自信。

客户的回复

Dear Joe,

Thank you for the pictures you kindly sent me.

For sure, the work done is wonderful. Many congratulations for you and for the workers of your company.

With such items, there is no doubt that we and the designer will have success in this business.

Let it be!

Felicitations et amitiot,

Jean

有时客户也会注意到一些细节。例如，星期天我还在工作，他在给我写邮件时会提到这些细节。

客户的回复

Bonjour Joe,

I am sorry that you have to work on sunday because of my order. I am sorry too about the problems of my lack of English vocabulary, so I send you a picture to make me understand.

Amitiés Respect,

Jean

根据我的经验，客户信任你与否取决于你是否专业，你越专业，客户就对你越信任。相互之间有了信任，我和客户越做生意越像交朋友。客户在春节前发了许多让我感动的邮件。

我和这个客户一直保持着联系，后来他患了良性肺肿瘤，我很担心他，经常发邮件问候他。他康复之后还经常找我下单。

第四节 和一个谨慎的客户做成生意

有一年春节假期，我收到了一封来自荷兰客户的询盘信，这位客户十分谨慎。以下是我们的往来邮件。

客户的询盘

We are very interested in the following products:

40 × Aluminum Office Chair(CF127) and Aluminum Office Chair(CF035), 2 × Acrylic Hanging Eyeball Chair (CC268), 2 × Chaise Longue Chair (CF005) and 15 × Bucket Chair (CF099).

Could you please give me a quotation?

Is there somewhere in the Netherlands a place where we can take a look at your products? If not, how much does it cost to send us a sample?

Thanks in advance,

Micha

对于能把款号和数量列出来的询盘，一般不要怠慢，因为这表示客户已在你的网站上做了研究。对家具行业来说，客户有可能测量了房间，设计过居室。如果客户是家具贸易商，那他可能已经做了市场调研，包括已经接下一些订单之类。

从询盘来看，客户想先对产品质量有所了解，对我的信任度还不高。

我的回复

Micha,

Many thanks for your E-mail.

We are sorry that we are in traditional Chinese New Year. And whole China including workers will be on working at 14th FEB.

We do have a shop distributor in Vlaardingen, Netherlands. So maybe you can purchase something from him. But we may require that you do not tell him my exsistence.

(clients address)

Many thanks again. We will give our best quote to facilitate the cooperation.

Joe Lau

sales manager

我首先向客户解释了自己的特殊情况（春节假期，工厂停工），并让客户去我们在荷兰的一家零售商店逛一逛。这类零售商店完全可以当作一个对外宣传产品的窗口。这样不仅能够帮助提高零售商店的知名度，又能让客户不上飞机就能看到你的产品。

大概过了 5 天，我又发了一些图片给客户。

客户的回复

Dear Mr. Lau,

Thank you very much for the pictures.

We also had visited the shop in Vlaardingen, unfortunately we have not found our products there. But other furniture are very good quality.

In my last E-mail, I asked some prices of different products: I know the prices of the CF035 and CC268, but I don't know the prices of CF146 (What are the measurements?), CF099 and CF114. Maybe you can give me a pricelist of all your products. You have so many products. It is difficult to choose.

Thank you very much!

Best regards,

Micha

客户没有找到他想买的产品，但是已经对我有一个好印象了。现在他需要报价表，于是我把我那份填上数字就可以自动生成形式发票的“傻瓜型” Excel 表格发给了他。

我的回复

Dear Micha,

My pricelist is wholesale pricelist. It is only for 20′ container or above.

So can you please add all to 28 CBM?

The CF146 table we have not produced yet, because it is still under development. Maybe next time.

Can you also change to CF140 table?

It is a very simple form that you just fill with qty then you can get the total amount at first line.

Many thanks and kind regards.

Mit freundlichen Grüssen aus Shenzhen!

Respectfully,

Joe

客户的回复

Dear Mr. Lau,

Attached is the excel sheet with my order as sent to you. Please pay attention to the colors of the leather for the different products. According to my calculations there are only 2 CBMS left. Please correct me if I am wrong.

Regards,

Micha

一般来说，看到客户发来订单表格，成交概率可能已经达到 80%。当我做好形式发票发给他之后，得到了这样的回复。

客户的回复

Dear Joe,

Thanks for your form.

Before I place the definite order I would like to clear up some points. First of all, I would like to know your payment terms. Depending on this we will decide how to buy from you. One option will be through my brothers trading company DB International. Also we will arrange inspections before shipping.

I would like to receive a CIF Rotterdam price. So please give me the freight costs involved.

Looking forward to your reply,

Micha

做 CIF 是很有利的，因为用自己的货代相对来说会更安全一些。但是通过客户哥哥的贸易公司交易，并且提出验货的要求，这表示客户对我还不够信任。因为邮件涉及敏感的付款方式，所以我就仔细询问了一下。

我的回复

Dear Micha,

Happy Easter holidays.

I wish you have a nice holiday.

Please also let me know which kind of payment term you may accept for this order.

Normally we will start production with 30% deposit. And we will collect the balance when we finished loading the container. It will be okay for pre-shipment quality control.

Many thanks and kind regards,

Joe

客户的回复

Dear Joe,

Thank you for your mail.

To make sure: This is the office chair I want. We will let you know when the inspector come.

Best regards,

Micha

3 天后，客户的哥哥 David 写了一封邮件给我。

客户哥哥的来信

Dear Joe,

My brother Micha asked me to help with the furniture they want to buy.

I will use one of my other business friends in China, a large company named Shanghai F, you will be contacted by Maggie Feng.

Before she contacts you, I want to propose the following way to work:

We will send a surveyor from Hong Kong to meet with you and you will show him the kind of furniture we are buying, so he can establish the quality. When our order is ready, the surveyor will inspect the furniture and will also be present by the loading of the container.

When you agree to this procedure we will place the official order and Shanghai F will take care of all financial things.

Looking forward to your reply.

With kind regards,

David

通过客户哥哥的描述，我基本上了解这笔订单的操作流程了。

1. 需要我们和他指定的第三方代理进行贸易，他将款汇到第三方账户然后以第三方名义购买，第三方以佣金协议来进口。

2. 他派出的香港验货公司除出货前验货外，还要监督装柜。这意味着对货品质量的要求会比较高，一旦有次品可能会影响发货，我需要亲自监督这批货的生产。

3. 他直接下单给上海的公司，所以我还需要和上海公司商量付款方式。希望上海公司能提供比较好的付款方式。

之后，我便接待了验货人员 Patrick，一位白发苍苍的老年人，同行的还有一位技术质检员。我们的交流还算比较顺利，他们拍了要订的产品的照片就回去了。3 天后，我收到了验货人员发给客户哥哥并抄送给我的邮件。

验货人员的来信

Dear David,

I met Joe Lau yesterday and checked about the samples in his showroom.

In my opinion, the samples are of reasonable fine quality.

Attached please find the photos for your reference.

Since we cannot see all the samples, we just took photos of whatever we saw in the showroom.

Hope this is acceptable to you.

There are some points needed to be clarified:

1) Is the color of YD – CF127 "black leather"? (Joe Lau said their information is black grill?)

2) According to Joe Lau's information, the final inspection and loading i + nspection will be performed in the same day.

Final inspection will be at their Shenzhen warehouse. Once inspection is completed, they will load the furniture to the container.

3) Do you need fumigation for the container?

Best regards,

Patrick

验货人员在信中主要提及了 3 件事：

1. 关于产品的解释。
2. 关于验货和装柜日的确定。
3. 验货人员询问客户是否有额外要求。

之后，客户来信，确认了最后的订单。

客户的回复

Dear Patrick,

Dear Maggie,

Dear Joe,

Patrick, thanks for your E-mail. Good to see you met with Joe.

Regarding your questions:

1) It is black leather, we corrected this in the new attached order and my brother spoke to Joe about this.

2) Final inspection within 1 day is fine with me if you can handle this. I

want you to check the furniture before loading and also make sure the packing is OK.

3) Fumigation is not necessary.

Maggie, please contact Joe and arrange everything, I have enclosed our final order, we have added some items. Joe gave us pricing on a CIF Rotterdam basis, please look at this and see if pricing of freight is OK. It might be easy if Joe will arrange this, but I will let you decide.

If you have any questions, please let me know.

We hope to receive the furniture as quickly as possible.

With kind regards,

David

看来订单成了。和验货人员的交流告一段落，接着我又需要和上海的客户代理 Maggie 接触了，这已经是我联系的第 5 个人。由此可知客户十分谨慎，以及对我的信任程度较低，不过如果有机会见面的话，我相信未来的合作会简单很多。

客户代理的来信

Dear Joe,

We can remit the 30% deposit to start production.

But checked with our financial dept, according to the bank, we can only remit 70% payment to you when receipt of the original Verification Sheet is sent from you.

Please confirm,

Maggie

70%的余款需要收到核销单正本后才能支付，而出核销单正本是开船一个月后的事了，那样的话，岂不是船到港后的第7天我才能寄出提单？看起来这最后一关才是最难过的。

我的回复

Dear Feng,

Thanks for your E-mail.

This is not accepted because it will take one month due.

If we do not receive the 70% balance, we cannot release the goods in Rotterdam. Then David will have to pay much for the delay in customs.

We can only send copy of bill of lading/original Verification Sheet when we shipped the goods to ocean.

When we send the full shipment at ocean we cannot only collect 30%.

If in normal international process, you will also not accept to act as an exporter.

I suggest collecting the balance with copy of original bill of lading.

Joe Lau

尽最大努力防止风险的发生是业务员在操作实践中唯一需要采取强硬态度的时候，其余时候，应该只让客户看到你亲切服务的态度。

第五节　有关价格的精彩还盘

怎样回复要求降价的客户呢？在和客户通过邮件沟通时有很多方面需要顾及，下面举例来说明。

客户的还盘

Hello Joe,

I hope life is going well for you. Thank you for your response. Your sample chair arrived last Thursday. I am happy with the sample chair. I would like to order a full 40′ HQ container of the chair Dia 103 cm × 103 cm for the first container, as the smaller chair would suit us perfectly.

The order will depend on the price. You have quoted a price of 319. 86 USD/pc.

I have worked out the travel expenses and taxes and I will have to get a better price than this to enable me to sell them to our customers in Ireland. When the chair arrives in Ireland all costs included the chair will cost me 544. 00 USD before I start to sell them. This is expensive and it will be very difficult to sell as I will have to add my margin to this. I was hoping to buy the chair for 250. 00 USD.

I hope we can come to an agreement as this could lead to a long and lucrative business deal between us. I am also interested in purchasing product CF066 if this shipment runs smoothly.

Thank you Joe, I hope to hear from you soon.

Kind regards,

Frank

如果报价合理，遇到客户还价，在原价基础上降几美元或几欧元就可以了，有诚意的客户一般会顺利答应。忌讳大幅降价。对一款产品大幅降价，客户会认为你下次的报价或其他款产品的价格同样可以大幅降低。忌讳以统一折扣降价。如果产品单价高的话，计算出来的折扣就比较多，直接降几美元或几欧元更有利一些。另外，有些款产品的单价已经够低，不适合和其他款一起降价。除降价之外也可以吐露一下自己的苦水，让客户能够理解并接受。当然，最重要的是不要过分虚报价格。

我的回复

Hi Frank,

We are appreciated that you have received our bubble chair sample and satisfied with it.

Today, we have checked the loading quantity with our production department, and they informed us that it can load 66 pcs Dia 103 bubble chair for a full 40′ HQ. Please note it.

Regarding to the price, can we give it to you in Euro? Because now the exchanging rate between USD to RMB is always getting lower and lower, and recently it will be under 7. 00, but the material cost in our country is getting higher and higher. After I forwarded your meaning and negotiated with my boss, he said that we can offer you the price is: Euro 202. 85/pc (the price includes fabric cushion and chain, not including the standing frame). And for your referred 250 USD/pc, truthly, it even can not meet the material cost for one bubble chair. Please consider the quality of the bubble chair, and we believe that we supply chair in better quality.

Please be advised, payment term for container order is 30% deposit T/T in advance, and balance T/T before delivery.

If any questions, please let us know. We are looking forward to running a long term business with you.

Kind regards,

Joe

客户的回复

Hello Joe,

I hope you are well.

Is it possible to sit the bubble chairs into each other safely packed, without the boxes so that we can fit more chairs into the container?

If this can be organized safely, it would be fantastic. The more chairs we can fit in, the more money we both make.

We have our USD already pre-booked for the purchase of this container chairs. It will cost us extra money to pay you in Euro, but I could organize to pay you in Euro if you can reduce the price of the chair to Euro 180. 00/pc. If we can agree on this price, I can transfer the 30% deposit to your account in China next week. This price will enable me to sell the chairs quickly in Ireland and in return I will be able to order more containers of chairs from you.

Hope to hear from you soon.

Kind regards,

Frank

面对客户的再次还价，我采用了一个聪明的办法——提条件。

我的回复

Hi Frank,

Thank you for your prompt reply.

Are those chairs for yourself retail or for distribution? If for distribution, they must be protected by the box and wooden frame, because they are fragile and easily scratched during two or three times of transportation if without the frame. After we checked again with our production department for the loading, they informed us that we can lay two bubble chairs in one box, and more layer foam will be added to separate them. In that way, a full 40′ HQ can be loaded with 88 pcs in it. We have done like this before. Please tell us if it is OK in this method?

The price (319. 86 USD/PC) we had quoted you for container chair at the first time was really our lowest price. And recently, the machine oil cost is going up and also the salary for the workers have added more 15% at the beginning of this year. As this is the first container business between us, my boss agreed to offer you the price Euro 200. 36/pc, but based on 50% deposit T/T in advance. Also if you like our CF066 chair, we suggest you order one sample instead of a chair with the container to check the quality.

If any questions, please contact with us. We are looking forward to your early reply. If it is OK, we need your request color details for the cushion.

Have a nice weekend.

Kind regards,

Joe

客户的回复

Hello Joe,

Thanks for your prompt reply.

The bubble chairs are for distribution. This method of packing sounds good. 88 CHAIRS IN ONE CONTAINER IS EXCELLENT.

As regards the price, if this is the best price you can give then it will have to do. Is your price FOB to Shenzhen? We will only pay 30% deposit in advance and then the 70% balance before delivery.

I will take a sample of ball chair No. CF066. Can I have a price? Also can I have this chair with a white exterior with red interior (inside)?

Can you organize the shipment of the container for us? The shipping agent we last used was Guangzhou Hongyang Logistics Co. Ltd. We have a lorry to collect the container at Cork Port IRELAND. WE CAN PAY THE SHIPPING AGENT DIRECTLY AS WE HAVE DEALT WITH THEM BEFORE. If you can, then this would be fantastic.

Thank you for your help. You have been very helpful and efficient.

I hope to hear from you soon.

Kind regards,

Frank

总结

学会打组合拳

1. 只降其中一款产品的价格，其他款产品的价格不变。

2. 在原价基础上稍稍降低一些，同时提出其他条件，比如争取更有利的支付方式，但注意不要提特别重要或关键的条件，比如将订金比例由30%提高到50%。这样客户更有可能答应价格和附加条件。

3. 对不同数量的订单分别报价，如样品的单价，可以将50件、100件和500件的单价分别列出来，让客户做选择。

4. 对于要求大幅降价的客户，可以向其展示产品质量、专业水准和公司形象等，以免客户在采购时过于看重价格。

5. 怎样让形式发票中的单价看上去不高：

（1）向沃尔玛的价格标签学习，比如在感觉上，99.9美元就比100美元少很多，但其实只差了0.1美元。

（2）在报CIF或CFR价格时，可以把海运费、保险费等费用在形式发票中单独列出来，产品单价以FOB价列出，这样单价看上去会低很多，但总的价格并没有变化。

（3）如果报价单中有七八种价格（不同材料、尺寸），可以把其中一两款产品的价格做得有竞争力一些，其他款按正常水平做。

（4）底价和最小订量放在最前面，5件、10件订量的价格放在后面。

第六节 如何处理订单履行过程中发生的意外

客户的询盘

My name: Siobhan Ryan

Address: 48 Edward st

Country: Australia

Comment: Could you give me prices on the following? I am interior designer.

CF072, CF151, CF080, CF017, CF164, CF137, CF121, CF108.

I want to decorate a restaurant which will open in May. I need furniture at least 5 ~ 6 cubic meters.

Thank you.

Siobhan

接到客户的询盘之后，我立即找了很多关于餐厅、酒店的图片（部分配上了我们的家具）发送给她供她参考。有时并不一定要完全遵照客户的需求，有的客户甚至只是凭借主观感觉选择了不实用的家具。我们做营销时一定要专业，你卖给客户的是装饰后的效果，而不仅仅是家具那么简单。引导客户消费才是销售的最高境界。虽然客户只是要五六个立方米的家具，但是适当引导可能会让她买得更多一些。

我的回复

Dear Siobhan,

Thank you very much for your E-mail.

Regarding the items, I now attach some pictures from the projects of previous clients' home/hotel/restaurant decorations.

And those I can suggest to decorate on your hall in restaurants. Pictures also attached.

CF026,...

CF120,...

CF083,...

CF012,...

CF039,...

CF008,...

CF142,...

Many thanks and kind regards,

Mit freundlichen Grüssen aus Shenzhen!

Respectfully,

Joe

客户的回复

Dear Joe,

Thanks for your reply. Love your furniture and beautiful pictures.

Decorating restaurant at moment and I thought I can take more.

I think I will also take them. But I think I will consider to take more.

I have other questions:

CF064 – pink, red and black fiberglass?

CF155 – pink base with black leather top?

Narrowing down selection. More questions:

CF015, Eileen chair price?

Is CF072 available in abs plastic? What colors?

If I buy more than—how many? Brings price down, eg. 6 × CF108

Siobhan

客户已经计划根据我发给她的图片加单了，而且正在为下单做准备。如此多的问题表明订单正在形成。但是我不慌，在价格方面也不用太让步。另外，出口到澳大利亚有一些规定，要先让她了解。

我的回复

Dear Siobhan,

Fiberglass is better.

CF108 unit price for 6 pcs we cannot reduce price.

I sold to Portugal each 80 USD for 50 pcs.

And to Australia we will require fumigation of wooden crates packing around 200 USD more, can you accept that?

Or we can do paper packing. 5 USD each more for carton.

Many thanks and kind regards,

Mit freundlichen Grüssen aus Shenzhen!

Respectfully,

Joe

客户的回复

Dear Joe,

Sorry got confused. I thought you meant each piece.

Does fumigation mean no quarantine here? Anyway that's fine, we can work out the best way when order in.

I'll get an order together ASAP.

Thanks,

Siobhan

就如何包装的问题，我提出如果使用木架需要加钱，这样可以弥补一些因汇率造成的损失。

我的回复

Dear Siobhan,

We will have many things need to be fumigated if we use wooden crates.

We can also change another paper packing for delivery. But it will cost more.

So we will see if your order with "wooden crates" is a must.

Many thanks and kind regards,

Mit freundlichen Grüssen aus Shenzhen!

Respectfully,

Joe

客户十分在意一定要用真皮而不是其他低劣材料制作产品，而这正合我意，因为我们公司的家具属于中高档，价位也比较高。

客户的回复

Dear Joe,

That's fine.

Still need to know if the pantone chairs and how many are in stock.

The restaurant I am decorating turns into nightclub, so chairs have to be moved.

Also some of my orders are to be made in genuine leather, it is important that it is real animal leather, as recently I ordered and received chesterfields from a company in China which I asked to be made in real leather, instead it was cheap vinyl. That is why I will replace these with a selection of your CF008 style.

The photo of your CF008 looked very nice and it is made of leather, but underneath of the red sofa was made of vinyl, right?

Please don't take offense, just need to double check.

Here is my order:

CF071 × 1

CF003 × 2 in black leather

CF010:

12 × white leather, black lacquer legs

24 × black leather with black lacquer legs

CF015 Eileen Grey armchair:

2 × white leather

4 × black leather

2 × red leather

CF072:

6 × orange

6 × rose

CF008:

1 × black leather sofa large

1 × white leather sofa

2 × black leather armchair

CF108:

6 × orange fiberglass with black leather interior

CF064 table:

2 × sheer blue

2 × white

2 × green

2 × rose color

2 × pink

Is it possible to send photos of article after manufacturing to check?

What is financial arrangement and time frames? I think it will fit in a 20′, but I have not imported a container before, so I need to know the rate.

Kind regards,

Siobhan

我检查了一下订单，最开始沟通时只有五六立方米，现在算下来竟然有 27 立方米了。这样的话，直接报小柜的价钱就可以了。

我的回复

Dear Siobhan,

We never do half leather or inferior materials. Our production towards to the high consumer market. We use full Italian leather including pipings.

Here is the calculation of your order. With all CBM, total amount in first line.

Which port is the nearest to your home in Australia?

Melbourne rate is 1900 USD.

As calculation, you can still put one more cubic meter of furniture in the container.

The delivery time will be 25 days, Chinese New Year (from 1st to 15th FEB) not included.

Many thanks and kind regards,

Mit freundlichen Grüssen aus Shenzhen!

Respectfully,

Joe

客户的回复

Joe,

OK. Final questions:

How long till delivery including Chinese New Year?

Can you update before sending goods with photos?

(To make sure right. eg. Black legs with white leather seat and black legs with black leather seat.)

Is colour of timber for stool same as photo and style?

Have you got my details?

Siobhan

过了一天，我给客户发了产品图片并确认了交货期。

客户的回复

Dear Joe,

Oh. That is good. Very beautiful!

You have my details, right?

Here is a copy of the bank transfer.

Looking forward to updates.

Siobhan

确认付款水单后我就开始安排生产了，但在生产过程中我发现了一个问题，之前报给客户的 CF010 的价格是去年的，今年已经涨了很多。正当我不知如何是好时，客户发来了催货的邮件。

客户催货的邮件

Hi Joe,

Hope this finds you well. I am wondering at what stage you are with my order.

Kind regards,

Siobhan

我解释说其他货早就做好了，只有 CF010 这个椅子还没找到工厂做。我先发送了一些已经做好的其他货品的图片给她，然后等她的回复。

我的回复

Dear Siobhan,

Do you need the dining chairs very urgently?

I am now pushing it, but the material part is very slow. Because dining chair is not classics range. We do not have stock of the chair bycast. Classics furniture are already done 5 days ago. Only lack of dining chairs.

Many thanks and kind regards.

Mit freundlichen Grüssen aus Shenzhen!

Respectfully,

Joe

客户的回复

Dear Joe,

The dinning chairs are important, so what kind of time frame for the white leather dinning chairs (same color as Eileen arm chair)? Are the black leather dinning chairs finished? Also wondering if there are images of the other furniture finished. It looks good.

Kind regards,

Siobhan

既然餐椅对客户如此重要，我直接告诉客户实情，生产那款椅子我们会亏本。

我的回复

Dear Siobhan,

I will send pictures of other furniture.

The color is not black/white. That way price will be more than 80 ~ 90 USD with full Italian leather.

There is no black or pure white bycast leather.

The dining chairs make us in very difficult situation.

In our factory, the cost is around 65 ~ 70 USD, and currency decreases very quickly.

So please wait longer for dining chairs, and for this time can you please order HQ container of dining chairs if possible. For us, it is always deficit only on dining chairs.

Many thanks and kind regards,

Mit freundlichen Grüssen aus Shenzhen!

Respectfully,

Joe

很高兴客户没有过于计较，这说明主动对客户说明情况是正确的选择。不只如此，客户还答应每把椅子的价格提高 10 美元，这样我就收支相抵了。而且材料用的不是意大利真皮，而是其他皮。不过一开始没有核对产品价格，这也是我工作的失误。

客户的回复

Dear Joe,

I appreciate we are both in difficult positions.

I realize there are different kinds of leather.

Could you tell me what the code numbers of color swatches of the bycast leathers on your material section of your site please, so I am OK with them.

If the frames are already made, I do not understand delay in covering.

If it is the cost, I am happy to pay $10 extra per chair to finish order.

It took much time to decide on this design and it is the only one appropriate for job so cannot change.

I appreciate the trouble you have gone to.

I am planning a trip to China in May. It would be good to see your show-room.

Sincerely,

Siobhan

客户的善意我必须感激，我也向客户解释了情况。因为生产的椅子造成了一部分库存，所以我问她能否全部卖给她，货柜里还有空位。

我的回复

Siobhan,

Thank you very much for your E-mail. And appreciate to meet you at our showroom too.

Many thanks again for the cost of dining chairs, tomorrow I will try to take pictures of the bycast leather to you.

Bycast leather is a leather more soft. It is used in the dining chairs. From the very beginning, it is used for bycast leather. It is thicker than normal leather. But the grains are made with artificial not like our Italian leather.

The problem with delay is that the bycast leather supplier only have dark brown and beige bycast, no black and white. So we need to order 1 000′fts for dining chairs(black and white as described), and besides 36 pcs I have to do 14 pcs in stock. (If you can take all 50 pcs, it will be best for me too.) Tomorrow I can send you pictures. The leather will be in our hands in 5 days. It really costs us time and money.

Normally we ship all orders in 25 days, some in 15 ~ 20 days. I am really sorry to take such a long time.

And all 24 CBMS are already in our warehouse, the warehouse is already full, cannot walk through, I will send pictures tomorrow.

Thank you again for your kind comprehensions.

Your best friend,

Joe Lau

经过沟通，客户同意多买 4 把餐椅，对生产和发货周期延长也表示理解，我也选了快船发货尽量弥补客户延迟开业可能带来的损失。从客户收到货后所发的邮件，看得出她还是挺满意的。

客户收货后的回复

Dear Joe,

Yes, I received and opened and installed the furniture last Friday, our new opening(I sent out a change of date invitation to all customers) was on Saturday. All the furniture was perfect, thank you. Sorry for getting so cross at times, you put me in some difficult spots. Now all installed and everyone says how beautiful it is. I have some pieces for home including dinning table.

Do you know weight of marble top?

I am concerned it might go through floor !

Thanks again. I will send photos when done. I hope to do business with you again, my friend.

Keep in touch!

Kind regards,

Siobhan

总结

1. 要学会引导客户消费，用手上掌握的各种资料去引导，由小到大，由少到多，由不便到方便，慢慢培养客户对产品的购买欲望。

2. 遇到问题千万不要慌张，更不能以逃避来拖延时间，必须动之以情，只要沟通得当，也许各退一步就能找到解决方式。

3. 在客户感觉心理不平衡的时候，可以适当用自己的损失来博取对方的同情心。

4. 用心去了解客户的实际情况，知己知彼，才能找到解决方法。

第七节　关注细节，促成订单

下面分享一个案例，分析细节的重要性。

客户人员：老板 Mr. Pattaro（随访我司）、厂长 Mr. Andrea Baracchini（客户的直接对接人）、另一公司的厂长 Mr. Ciocca（随访我司）、顾问 Mr. Livio Valdemarin、工程师 Mr. Francesco Cuttini、助理 Ms. Chiara Campagnolo。

公司人员：老板 Mr. Sun、经理 Mr. Kevin、同事 Ms. Jane（曾处理过此项目）、销售 Mr. Water（主要负责项目开发）。

第一次接触意大利的 M 公司是确认客户来中国出差的行程。

第一次联系客户的信

Dear Chiara,

This is Water. Glad to have the chance to work with you. My contact information listed as below. Please contact me freely for any enquiry from now on.

Regarding your visit to our company, once the details available, please confirm with us a little earlier, therefore we can arrange well everything.

Awaiting your early reply.

Best regards,

Water

虽然第一次联系客户的措辞以及信息传递不像普通的客户开发那么讲究，但礼貌同样特别重要，因为这和以后的合作息息相关。邮件中不可缺少必要的寒暄，而且一定要说明自己就是主要的联络人。在邮件的结尾处列明详细的个人资料，体现邮件的完整性。在和客户多次联系后，个人资料可以省略。

客户的回复

Hello Water,

Today afternoon or tomorrow I will inform you about flight No. of Mr. Baracchini, Pattaro and Ciocca.

In the meantime, I would like to know if you have already shipped out the 10 samples of Batteries that, according to an E-mail of Jane on 14/05/2015, should have been shipped on the 15/05/2015 by DHL.

As I already explained to Jane that we already paid in advance these samples on 04/04/2015 and we are honestly waiting too much for them!

Please update me about this issue ASAP!

Regards,

Chiara Campagnolo

公司的回复

Dear Chiara,

OK. We are waiting for your confirmation about the flight.

Regarding samples, in order to make sure good condition, we are testing now. We hope to send tomorrow.

Best regards,

Water

样品确认是客户下单的前提，所以样品的质量是极其重要的。向客户提供样品的快慢，同样影响订单。如果在样品制造的过程中，因为某些原因而推迟，需要提前向客户说明状况，以便他们安排工作。

客户在催货的时候往往是很生气的，迫切要求按时交货。但拖延交货期在国际贸易中也是很常见的，原因很多，比如某种材料需要进口，交货期较长等。针对公司的实际情况，在回答客户的问题时，理由一定要充分，要让客户知道你做了很多努力，比如“make sure good condition”就是一句合理的说辞。如果涉及产品改进，在承诺的时间内无法完成，可以说样品在测试中出了问题，暂时无法解决。理由可以有很多种，但要真诚，同时也不能过于谦卑，过多的道歉会给人很厌烦的感觉，因为客户关心的是你的办事效率，而不是道歉。

客户的回复

Water,

I really hope that tomorrow finally our samples will be shipped out. In the meantime, here are the flight details: Flight MU5331 (China Eastern Airlines) departing from Shanghai Hongqiao at 11:30 and landing to Shenzhen at 13:55.

Regards,

Chiara Campagnolo

客户在邮件中用了“finally”，这是一个带有强烈感情色彩的词语，它表达了一种迫切的需求或者表示很努力地去做某件事，最后取得成功。由此我们可以得知，客户对于样品的寄送和到达时间很在意，希望我们遵守承诺。

公司的回复

> Dear Chiara,
>
> Well noted the Flight No. and time. Can you also tell me the mobile phone No. about anyone of them? It is for urgent call only.
>
> Please note down my mobile phone No. for them. Mob: 0086 1379852 × × × ×.
>
> Thanks a lot.
>
> Best regards,
>
> Water

虽然邮件是和客户沟通的主要桥梁，但如果客户来访公司，一定要在邮件中问清楚客户出差时使用的手机号码，以备不时之需。

客户到访的当天，我们按时在机场接到了他们。之后按照计划，带他们到我们公司参观，并就合作事宜开了一次会。后来我们整理了会议纪要发给客户。

公司的回访信

> Dear Mr. Pattaro, Mr. Baracchini, Mr. Ciocca,
>
> Thanks for your time to visit our company. We hope you all had a nice trip in China.
>
> Regarding the meeting in our company, we are deeply impressed by your

presentation about your company. We strongly hope we can promote the model ××× together in European countries. Herewith I would like to list the meeting memo as below. Hope all things will go smoothly and start our cooperation soon.

…

Please keep us informed your comments.

Best regards,

Water

由于样品的制作出了一些问题，所以样品未能按照之前承诺的日期发出，于是我们向客户发出解释信。

公司的解释信

Dear Baracchini, Dear Chiara,

Sorry to inform you that there are some painting problems happened to the battery case. The samples cannot deliver on time. But we will send them within this week, this Friday maybe.

Please be kindly noted.

Best regards,

Water

客户的回复

Hello Water,

Please forward me the tracking No. for the shipment, as soon as available.

Bye.

Cordiali saluti,

Chiara Campagnolo

公司的回复

Dear Chiara,

Of course we will keep pushing the samples. In fact we have made some samples, but it seems that the painting quality is not good. We have to control this. Therefore it costs us some time for new samples. Anyway we must do best to make delivery soon.

By the way, if you have some information about the sole agent agreement, please feel free to let us know.

Best regards,

Water

对于延期交货，客户最关心的是结果，因为时间就是金钱。面对交货期的延迟，业务员要全面掌握信息，找出问题的根源，从而想出解决问题的方法并确定完成时间。对事情有全面的了解后，抓住有用的信息，及时和客户沟通，诚恳的解释是可以换来客户的谅解的。对于一些非常棘手的邮件，比如赔偿，一时间找不到合适的解决方法也要学会适当拖延。因为没有找到合适的解决方法之前，再多的回复都是徒劳的。要做有效沟通。

诚恳的态度被客户看到，客户发来了感谢信。

客户的回复

Dear Mr. Water,

I'm just come back from the trip in Asia. First of all, I want to give it to you, to Mr. Sun and to Mr. Kevin many thanks for the warm welcome in your company and country. I see that you are in contact with Ms. Chiara and next days I will start to give more information about the meeting. The point is to receive the modified samples very fast.

Many thanks for your kind support.

Best regards,

Andrea Baracchini

公司的回复

Dear Andrea,

Glad to know that you've come back to Italy. Welcome you all to our company again.

Regarding the samples, we've sent out with DHL today. Tracking No. : × × × × × ×. Herewith also enclose some photos for your reference. Wish they can let you know the silk screen about the product.

Hope all things go well.

Best regards,

Water

如果能把事情做细致，服务周到，客户会全心地相信你和支持你。比如每一次寄出样品之前，先拍一些照片，然后在发给客户的邮件中附上这些照片，并提供一些相关的产品信息。这一步看起来很简单，但效果很好。简单的动作会让客户明白你很用心，他也会很放心。特别是在出货的时候，可能客户没有要求拍照，但是如果你做了，他会很高兴。

客户的回复

Water,

Thank you very much!

We are waiting the new samples for testing and then we will start to discuss the open points.

Have a nice weekend.

Best regards,

Andrea Baracchini

几天后，我们估计客户收到了样品，于是发邮件确认，并提出了几条建议供客户参考。

公司寄出样品后的建议

Dear Andrea,

How are you doing?

Believe you've got the samples and testing now. Hope we can get some feedback soon.

Regarding the agreement(showed in meeting memo), as our management's decision, and to show our sincerity and move forward the project, we are making the proposal as below.

◆Caution money. Before we were talking about $200 000, now we can reduce to $150 000.

◆Caution money return. Before we wrer talking when the order reach 50% of total quantity, we can refund 50%. Now we hope to use the money to offset the payment of the last order you place in our company. If there is balance, we will refund accordingly. If not enough to offset, you have to pay us.

◆Payment term. Before we were talking about 30% deposit, 70% L/C, 30 days. Now we can do 100% L/C, 30 days.

Hope the proposal above is OK to your side.

We are waiting for the feedback about sample test and your suggestions about the whole agreement.

Best regards,

Water

客户的回复

Dear Water,

I stayed some days out of the company. I show the proposal to Mr. Pattaro and he agreed with your positive steps in front of M××. We are finishing the test of the units and then Ing. Cuttini will send a final report. After this, personally I think that later we can start to discuss about orders.

I will give more information next days. Sorry and have a nice day.

Best regards,

Andrea Baracchini

公司的回复

Dear Andrea,

Thanks for your kind information. We are glad that you accept our proposal. I believe we can start our cooperation soon.

Then we are waiting for the final report from Ing. Cuttini.

Best regards,

Water

不久后，客户公司的工程师发来样品检测报告。

客户公司工程师的来信

Dear Mr. Water,

I'm Francesco Cuttini, technical manager in M × × Italy. I have tested the battery you have sent to us and in attach you can found our suggestion/comments.

We will wait for answers and suggestions from your side.

Thanks and best regards,

Francesco Cuttini

我们针对客户公司的工程师提出的技术问题进行了一一解答。后来客户公司的工程师又提出了有关产品安全认证的问题。

客户公司工程师的来信

Dear Water,

Thanks for your reply. About technical point, there are only 2 details I want to explain better to you (I will write you an E-mail tomorrow).

But I have to understand one thing: are you able to sell on the USA market also without UL certification? Sorry, it is not clear for me. I have understood that you sell also in USA.

Thanks for your help.

Regards,

Francesco

产品安全等的认证在欧美市场是必需的“通行证”。没有这个通行证，等于出口无望。面对这种问题，应该告知客户实际情况。要达到客户的要求，就需要明确地告诉客户相关的信息，以便客户自己衡量。

经过多次沟通，技术问题终于全部解决。这时客户又提出了一个新的需求。

客户的来信

Dear Water,

I have a question for you, it is possible to have additional tip kit for:

a) The most important mobile supplies (Nokia, Motorola, Samsung, LG)

b) DVD player

c) iPod

Please give me your opinions. I need prices and we want to understand if it is better to give to the end user in the box a global kit with all tips or give separated kits (one for mobile, one for DVD and one for iPod). Your experience is welcome.

In these days we are studying how to create interest to the end user. Many thanks in advance for your kind support.

Best regards,

Andrea Baracchini

对于客户的这个需求，我们自然是欢迎的，这不仅有利于合作，而且增加工具包也可以给我们带来更多的收益。

公司的回复

Dear Andrea,

Thanks for the enquiry. I wish to reply as below in BLUE color.

We are waiting for your good news for the market research.

Best regards,

Water

对待问题式邮件，可以直接在客户的邮件里作详细的解答。这样看起来直观，容易理解。但要使用和原文不一样的颜色，且颜色不能太刺眼。

客户的回复

Water,

Many thanks!

Next week Mr. Pattaro will come to Italy and I will study with him about your news.

Ciao,

Andrea Baracchini

经过之前的种种咨询、沟通、讨论，终于来到了报价这个环节。

公司的回复

Dear Andrea,

Regarding the new quotation, we have sent on June 8th, but by the mailbox info @ m××. com as per your name card. I think you may not get it.

Here we confirm that the quotation is made as per the meeting in our company.

Package is the same as we showed you in our office. We will make samples before mass production. Regarding technical, we will do as per Mr. Francesco's instructions.

Awaiting your comments.

Best regards,

Water

客户的回复

Water,

Many thanks!

There are many anti spam walls so this mail will be given to me only if it is OK and I don't know when. So it is better if you will use my personal mail address. Many thanks.

One more question: Are all the input and output tips included in the battery price?

Andrea Baracchini

公司的回复

Dear Andrea,

As at that time you were still in China. And I only get your name card, so... But now everything is clear.

The quotation includes all tips (all accessories).

Hope to get your positive reply.

Best regards,

Water

客户的回复

Dear Water,

Now I have understood. Our idea was that some tips (like in the samples you send us) were included in the battery pack which cost 38.5 (MOQ

2.000). The additional cost was for new tips (custom laptops) or mobile tips. Mr. Valdemarin explained the offer to us in this way. It is a surprise now to know that we lost near 4 dollars each unit. Have you understood? Please give me your impression. If you need, please contact also Mr. Valdemarin.

Many thanks,

Andrea Baracchini

公司的回复

Dear Andrea,

We are sorry for that price. Let me explain as below.

◆Some customers think that they don't request so many tips for market because some are not popular. And we accept their advice to make our quotation. Then you can find separated price for battery pack and tips. If some tips or output cable included in the total price, we will state what will be included. If not state, the price is only for battery pack, not including tips.

◆From the very beginning, we quote Mr. Valdemarin $38.5, including tips. During the meeting, we do tell that the price may keep the same even you will make some changes, like package. And we also told that we would quote you after evaluation. So the quotation sheet you received is the final one.

Awaiting your comments.

Best regards,

Water

客户的回复

Dear Water,

Sorry, but with $38.5 what I bought?

But if you write about the price:

"Here we confirm that the quotation is made as per the meeting in our company. Package is the same as we showed you in our office. We will make samples before mass production. Regarding technical, we will do as per Mr. Francesco's instructions." I understand that the price is $38.5 including the 8 new tips. If I want mobile tips or iPod tips, I have to pay more as your last offer. Right?

Andrea Baracchini

公司的回复 1

Dear Andrea,

Good morning!

◆About price, $38.5, we quoted to Mr. Valdemarin on April 19th/20th, including tips, 4000mAh, no UV. I think this is clear to you already.

◆You also may not get the E-mail about meeting memo, sent on June 1st. Later I will forward to you for reference. From that time we tell clearly that we have to evaluate again about the price before making quotation.

◆During the meeting, you hope to modify some functions in order to be special on your market, to modify silk screen, package, and output functions. We made rough idea and told the price may keep $38.5, including tips and change package, etc. All as per your requirements. But we also told that we must evaluate first, as we hope to quote you best price, and assure we won't lose out. We sent you the quotation on June 8th before you came back to Italy. But you didn't get the E-mail at that time by your E-mailbox info@××.com. Therefore the misunderstanding caused.

◆Regarding my previous E-mail, I confirmed that the price is as the quotation we sent on June 8th. So you have to check the quotation sheet. It shows the price of the battery pack, the price of the tips. I also explained to you why we quote you by break down in my previous E-mail.

◆Anyway I can understand that why you always think $38.5 is the selling price. From June 8th on, I explained to you that we will use new tips in new orders. Maybe you think the functions are different. And the new tips are for optional, if you need and pay accordingly. On the contrary, the functions are the same.

◆We are sorry for the misunderstanding. But my friend, you may aware that the price is not that high. We consider your company as a strategic partner. We wish to develop European markets together with you. Therefore the quotation is always the best. As you can see our proposal before, payment term changed, caution money changed. All the actions are for moving forward our projects. Hope we can get your support.

Hope we can get your better understanding and move forward soon.

Awaiting your comments.

Best regards,

Water

公司的回复2

Dear Andrea,

We are sorry for the misunderstanding. Now we do the best to convince our boss to adjust the price for you. We told him your promotion power about the UPS market. And for long term business relationship, we hope to quote you as attached. Hope you can find OK.

Andrea, as you know there are some modifications for the model. You must know there are some costs too. Can we get your support?

Awaiting your comments.

Best regards,

Water

客户的回复

Dear Water,

I have spoken also with Mr. Valdemarin and now I have understood that the final price is $41 with all tips included. I will give more information next week.

Have a nice weekend.

Best regards,

Andrea Baracchini

对待客户提出的问题，要耐心地解释。撰写邮件时，措辞要小心谨慎，不能掉以轻心，因为这是谈判。谈判过程中要对自己说的每一句话负责。这要求个人对公司的决策和做法有全面的认识和把握，结合实际做出双赢的提案。

对报价达成一致后，客户发来了下单邮件。

客户的下单邮件

Dear Water,

We wish to place an order 5 000 pcs for checking all modifications are OK and we can do more. We have not all good approval by our salesman. Someone thinks positive and someone thinks negative. So it is difficult to decide. The best way is to start with a trial order and see the market. Please help me.

Andrea Baracchini

公司的回复

Dear Andrea,

Hope your holiday is wonderful.

Herewith I'd like to confirm you that 5 000 pcs is accepted for the trial order.

Believe we can do more and more, better and better in near future.

Please kindly check the attachment for P/I. Hope you can confirm or send us your P/O soon. For all the technical and artwork, in order to avoid any misunderstanding or defect, I hope we can confirm point by point again before starting production. Shall we confirm with Francesco?

Awaiting your confirmation soon.

Best regards,

Water

客户的回复

Dear Water,

Many thanks for your best support. Mr. Pattaro will come back next day and after his approval, I will send the "official" P/O.

About technical data, please deal with Francesco.

Andrea Baracchini

隔了几天，我们没有收到客户的正式订购单，于是决定发一封邮件确认一下。如果客户的回复处于一种停滞状态，我们要礼貌地询问是什么原因使合作搁浅，以及我们可以做什么事情。

公司的积极沟通

Dear Andrea,

I'm not sure if you receive my following E-mail or not. Can I know if I have something to help you about the order confirmation.

Looking forward to your reply. Thanks.

Best regards,

Water

客户的回复

Dear Water,

Yes, I received your mail. My President just gave to me the official OK and next days you will receive our P/O.

Best regards,

Andrea

公司的回复

Dear Andrea,

Glad to get your exciting news. Thanks for your kind support to us.

Best regards,

Water

几天过后，我们还是没有收到客户的订购单，只能继续发邮件催促。

公司的催促信

Dear Andrea,

How are you doing? Hope everything goes well on your side.

As you know, time is a little tightened now. The production period is around 20 days. And you need some time to do promotion and put on market. I think it will cost 30 days at least totally. Today is Sep 4th, and our National Day holiday will come soon (Oct 1st to 7th). If the order cannot be confirmed soon, the shipment will be after our holiday. Don't you think it is a little late?

The Christmas time is coming also. If order confirmed by now, goods can be shipped before our holiday. If the products sell well, I think we can make another one for the season. We hope you can take all these factors into consideration. Will you?

We appreciated your kind reply for the P/O confirmation.

Best regards,

Water

很多产品均有季节性的特点，如果产品是为了赶上季节销售高峰期，要学会计算时间，比如物料购买时间、生产时间、运输时间、到达目的地后上货架销售的时间等。可以把相关信息和客户说明白，让客户有紧迫感，以便更快地促成订单。

客户的回复

Water,

Hello!

The P/O will be sent today, I have just signed it. Please take Francesco references and start to work for package.

Ciao,

Andrea Baracchini

收到订单后，我又开始询问客户什么时候付订金，以便安排生产。

公司的回复

Dear Andrea,

We have got your P/O. Thanks. And may I ask you to arrange deposit soon? Once you got the bank receipt, please fax / scan it to us for reference.

Best regards,

Water

公司的催款信

Dear Andrea,

How are you doing?

There is another week past and today is Wednesday. I think you are busy these days. But can I know some information about the deposit?

Best regards,

Water

客户的回复

Dear Water,

Sorry, but we are very busy because the Apple Expò in Paris is opening the doors and we are exhibitors, with I do × × brand and all M × × staff is working in this way.

About the first deposit, you will receive more information in more or less one week, don't worry about it. You can go on as decided.

Ciao,

Andrea Baracchini

又过了几天，我们终于收到了客户发来的付款单。

客户的付款确认信

Dear Water,

Herewith the details about the T/T already effected.

Best regards,

Chiara

这个客户从订单确认到预付订金耗时两个多月，即使客户曾经给过承诺，也要以正式订货单或者回签形式发票为依据。所有的工作都要以预付订金或信用证为准。在没有收到订金或信用证之前，积极地和客户保持联系，有急有缓，希望就会在掌握之中。

第八节　如何应对不付款的客户

中国有句俗话：不打不相识。在对外贸易中，这种情况也经常发生。主要分为两种情况。

一种情况是双方都是高手，在最初几个回合的较量中，大家惺惺相惜，从对手变成了好朋友。为什么在生意场上是这样呢？因为外国人一般都喜欢他的供应商精通本行业，清楚他需要什么资料及产品报价，并能很快提供给他。在服装业及鞋业，我们经常遇到客户问同一款产品更换面料及部分辅料的价格，如果你能立即回答客户，客户会很满意，因为他认为你精通，所以报的价格很实在。最重要的是，胜过一次高手比胜过十次平庸的对手能令人在心理上得到更大的满足。

另一种情况是一个是高手买家，另一个是新手供应商。高手拿着“软刀子”，常常“割”你一下，这一单找个理由让你打个折，下一单再找个理由让你赔点钱。你做他的订单，“吃不饱也饿不死”，想放弃又心不甘情不愿。

我在一家贸易公司工作的时候，接触过一个澳大利亚的客户。这个客户算是比较大的采购商，我是通过美国拉斯维加斯展会认识他的。当时他对我们的一款牛皮面橡胶底的防水登山鞋很感兴趣。从讨价还价开始，我就感觉到客户是个高手。一开始客户要我按最小订货量 3 000 双，报 FOB 香港价格（100% L/C at sight），我报了每双 15.5 美元。客户回了一封很简单的邮件。

客户的回复

Dear Sunny,

You really gave me a jump. Your quotation of pro-mountain bootie was 15% higher than other vendors'. I have to put it pending.

Best wishes,

Stophen

看了客户的这封邮件后，我想：你也把我吓了一跳呢。这款登山鞋工厂给我的报价是13.5美元，我们的底价是15美元，也就是作为贸易商我们只有10%左右的毛利，因为里面还包含贸易公司的管理费约2%~3%。但报价时绝对不能只报15美元，不然客户杀价下来，连10%的毛利都得赔进去。如果你是贸易公司，你想赚10%的毛利，那么你给客户报价时应该多报出几个点，这是准备跟客户讲价用的。我从客户的邮件中找到了破绽：如果其他贸易商比我低这么多，你可以找其他人买，何必搁置呢？客户的意思是想让我即刻亮出底价，所以当时我以不变应万变，你搁置我也搁置，看看谁先沉不住气。我没有给客户回邮件。（在国际贸易中，客户如果表示因单价、数量或交货期需要重新考虑，或打样没通过质检所以订单要搁置，可以不用回复，等待进一步的消息，这样做不算失礼。）

过了3天，客户沉不住气了，放出了一块特别大的“诱饵”想让我“上钩”。

客户的来信

Dear Sunny,

We have 20 000 PRS urgent order for pro-mountain bootie, the latest time of delivery should be the first half of Aug. Please promptly send 2 colors labdips for our approval. Our target price is 14.75 USD/PR; hope it is a good premise to the success of our first cooperation. Following is the order details:

. . .

Please oblige me with a reply as quickly as possible.

Stephen

一般的贸易公司接到这样的信件，肯定是采用“借刀杀人”的方式，顺手接过客户的“软刀子”往工厂那里猛砍。我的底价是15美元，工厂的报价是13.5美元，要工厂降0.25美元也不是不可能的事情。但是这样做对贸易公司和工厂都没有好处。因为一味地压低工厂的价格，工厂有可能被迫偷工减料，产品品质也可能会出问题，那么跟客户的生意也做不长久，工厂以后也不敢再跟你合作。因为我知道所有原材料的价格、工厂的加工及管理成本，工厂报的价格还是比较合理的。另外，我对客户说的2万双的订购数量也持怀疑态度，毕竟单价都还没确定，所以我给客户回了一封邮件，把价格咬得很紧。

我的回复

Dear Stephen,

Thank you for calling off the pending state of the order. I sent 2 colors lab-dips via FedEx this morning. The Tracking No. is ×××. Please note, thanks!

As for the unit price, I took a long and arduous negotiation with factory after received your mail. Factory and I ended up by meeting each other half-way to reduce the unit price to $15.30/PR. We sure hope you would see our pure wishing which was to set up the mutually profitable cooperation with you. Following is the quotation details for your review:

...

Await your prompt reply.

Sunny

我在信中列出了报价的依据，里面详细列出了每一个项目的单价，如原材料的采购价格、加工费、各杂项的开支等，还包括工厂及贸易公司的预期毛利。我的报价策略是虚虚实实，虚中有实，实中有虚。比如原材料的价格方面，客户有可能问得到，所以我报得比较实，但也高出 1 ~2 个点；人工及管理费、税金等也不能太离谱。总之不管客户问到哪一项，我都有心理准备跟客户解释清楚。

我以为都说到这份上了客户也该接受了，没想到这个客户以退为进又出“怪招”。

客户的回复

Dear Sunny,

I am appreciated your great efforts for ornamenting this suffering order to a mysterious yashmak. But your last quotation still seemed like an air castle that made me failed to reach for. We all need survive and do not necessarily spend too much time on the price issue. Let's settle on the price to 15 USD/PR, which is that I can ultimately accept. Therefore the total quantity will be reduced to 10 000 PRS. Please do not shilly-shally again. An early reply will be much obliged.

Best wishes,

Stephen

看了这封邮件，我总算弄清楚了：客户一开始说的 2 万双的订单数量只不过是想以虚假的大订单数量套出我的价格底线。我也是第一次收到这种夸张、幽默并带有调侃的英语商务信函。虽然我已经把价格争取到了我的目标价，但也不能这么爽快地答应客户，需在付款方式上做做文章。即期信用证付款虽然已经是很不错的付款方式，但由于客户说过要指定香港的某家验货行来验货，所以客户占的优势很大，也就是主动权仍然在客户手里，在这种时候要求客户付订金是必要的，而且必须利用这个讲价的机会提出来。

我的回复

Dear Stephen

Your last mail made me trouble sleeping whole night. Moreover, this suffering order took me for a drowsed weekend. After a thorough discussion to those concerned, we finally accept the price of \$15 per pair. But the payment terms indeed need change to 50% T/T deposit with 50% L/C at sight because we have to pay dearly for raw materials. This is the only condition I can give you under your price issue.

Await your early reply.

Sunny

这封邮件发出后，客户也坐不住了，直接打电话来跟我商量了很久，最后定下来的付款方式是50%预付订金、50%余款见提单传真件后两周内支付（后T/T）。客户要求我们公司让香港汇丰银行出具一封保函，意思是如果我们不能如期出货，需全数退回订金并赔偿2万美元的损失。由于我们公司在香港有办事处，专门负责安排船期及结汇，大部分货款均在香港汇丰银行结算，所以开保函不成问题。

另外，我还了解到客户找的澳大利亚的货代公司及客户合作的中国香港的货代公司和我们公司一直有生意往来。所以在验货的问题上，我告诉客户说，如果他直接跟这家验货行联系的话，他们的报价会高出两三百美元，中间环节太多，也不利于我们推进进度，比如提早安排验货及出货等。不如由我们公司在香港的办事处跟他们联系验货事宜，我们先支付费用，到时再从货款中结算。客户也答应了。为什么要这样呢？

因为由我们这边先出钱，验货行至少不会故意挑毛病，我们出货也会比较顺利。

跟客户谈妥后，我发了一封传真，把细节给客户写清楚，并要求客户签字回传。然后找到工厂老板，跟他谈了订单的重要性，并要他把单价从 13.5 美元减到 13.4 美元。开始工厂老板有些不愿意，我说我们公司很重视这个客户，很重视这张订单，为了保证品质及交货期，我们破例先付 50% 的订金。工厂老板一听还有订金，立刻答应了 13.4 美元的接单价，并跟我签了一份书面协议：如果不能按期出货，需全数退回订金并赔偿 3 万美元的损失。

一张订单的洽谈和整个流程的安排，如同打一场战役一样，容不得半点马虎。一个小环节出问题，就有可能造成难以挽回的后果。另外，一个优秀的外贸业务员应该首先考虑公司的利益，然后是相关工厂的利益，而不能只考虑个人利益。这个案例如果换一个业务员，看到客户出价 14.75 美元时，就有可能报给老板，让老板接受，或压工厂的接单价来促成订单成交。

这个案例还带给我们几点启示。首先，做外贸，应有一定的英语水平。我并非英语专业或外贸专业的本科生，英语水平完全是在实际工作中练出来的。我刚进外贸公司当业务员时，阅读了大量的英国、美国、澳大利亚、加拿大等国家的客户的邮件及传真。因为这些国家以英语为官方语言，所以他们的英语是比较正宗的。外国人比较喜欢用一些夸张或幽默的语言来谈生意，我们也应该多学习这方面的英语表达方式。对这些小细节的关注，对个人今后的发展以及跟客户之间建立良好的私人关系都是有帮助的。在英语口语方面，只要是大学本科毕业生，在大学里的英语成绩在中等水平，肯定是够用了。刚跟外国人接触的时候一定要“脸皮厚”，敢于开口说，在日常工作及生活中丰富自己的词汇量，不要怕自己的词汇量不够。我相信只要 3 个月的时间，你的口语一定会练得“顶呱呱”。我在招收外贸业务员时，主要看英语写作水平及口语表达能力，而不是看英语考级证书。

其次，不要忽略我的回信以及跟客户提出更改验货方法的小细节。这都是在为将来的安全收回货款打基础，但在语气上又不要让客户理解为你对他不信任。

最后，注意在接单的初期就要把将来生产过程中有可能出现的问题考虑在内，最好是事先跟客户说清楚。这就要求外贸业务员对本行业的制造过程及材料有所了解。人并不一定要有很多失败的经验，但要多了解他人的失败原因，并常常告诫自己不要重蹈覆辙。举个例子，现在有些客户在谈订单的初期，因为单价原因，常常会要求改换便宜的材料，但有些款式的产品因为结构及安全等方面的因素，不适合用便宜的材料。如果你有这方面的经验，一定要在谈订单的初期跟客户讲清楚。千万不要为了接单，客户说什么你就听什么，到时出了问题，解决不了再来跟客户吵就没意思了。我在考量一个外贸业务员的水平时，是看他做成了几笔订单，而不是看他接了多少笔订单。

下面我将分享这个澳大利亚客户如何利用机会在货到港时故意不提货，再出新招，以及我的应对方法的案例。

这批货我们提早一个多星期就交到香港货代的手里了。一般中国香港到澳大利亚墨尔本的时间是 18 天左右。可是客户确认收到提单传真件已经两个多星期了，还没有汇款。当香港办事处的经理打电话通知我此事时，已经过去 20 多天，估计船已经到墨尔本了。我连发了两张“URGENT”（紧急）抬头的传真及邮件，客户均没有回复。给客户公司打电话，回复说老板出国参展去了，并说老板回来会告之此事，让我们不用着急。

虽然此时公司老板及总经理都没有吭声，但那种无形的压力真的让人坐立不安。因为这个客户基本跟我单线联系，而且公司已经把余款打给工厂。更关键的是，我们不清楚客户的葫芦里到底卖的是什么药。从心理上分析，客户不可能白白地付出几万美元的订金而不要货了。但当时我是第一次跟澳大利亚的客户做生意，对那边的情况不是很了解，更不知道客户的货能在码头放多久，所以不明白客户为什么宁愿交滞港费也不提货。因此当时的压力可想而知。

我认为一名优秀的外贸业务员的心理素质是通过一些事情锻炼出来的。如果换了一个没有责任感的人，他可能会想，反正付款方式老板也同意了，香港办事处负责收汇，客户不汇款关我什么事？可是一名优秀的业务员要有责任心，把公司当成自己的，也会去想办法解决问题。也许解决问题后他个人没有任何好处，可是他收获的是处理问题的经验和心理素质的提高，这是用钱买不来的。如果一个人在工作中时时都把个人的利益摆在第一位的话，他可能永远都不会进步。

客户这样做其实就是想在心理上把我们拖垮，然后再提出要我们打折，这是国际贸易中惯用的一种手段。但如果处理不当，则可能造成更大的损失。

当时我想，一定要想办法让客户露面。于是我给香港办事处的经理打了电话，让他通过香港的货代公司查一下澳大利亚其他大的鞋类采购商的电话及传真号码，特别是有采购库存及现货的公司，因为这批货我们已经收到50%的货款，即使当现货卖，我们也不会吃亏。他很快就帮我找到3 家澳大利亚大采购商的资料。我给这3 家公司发了一份内容相同的传真。

我的传真

Dear Sirs,

Here is a Branch of ×× Trading Co. , Ltd in China. Your info was given us by ××, one of the biggest HK forwarder. About 40 days ago, ×× Corp placed an order with us for 10 000 PRS pro-mountain booties. The goods had passed the final inspection by HK ×× certification company and have arrived Melbourne port for a few days. Unfortunately, ×× Corp is facing the financial crisis and they could not afford to make payment for goods, which is the reason why we have to resell the goods. Please review to Page 1 for shoe illustration and description, Page 2 for final inspection report, Page 3 for B/L copy. We shall be pleased to receive further inquiries from you for price and sample. Your enquiry will be replied as soon as possible.

Our Contact Info: ××××

Australian Forwarder Info: ××××

Best wishes,

Sunny

发这份传真有两个意图。第一，如果那家公司真的有什么问题的话，我们可以尽快转卖这批货物，所以我给出的资料是比较齐全的。第二，为了看看原客户到底想要什么“花招”。所以我在发了此传真的第二天，立即又给原客户发了一份紧急的传真。

我发给原客户的传真

Dear Stephen,

Since then we have been waiting for you for over one month, but no further responses have been received from you. We have to resell the goods to other Australian importers in order to bail us out of difficulties. This is the only thing we can do under the circumstances. Hope you understand!

Best wishes,

Sunny

客户收到传真后并没有立即回复，他可能认为我在跟他闹着玩。因为他知道我之前并没有跟其他的澳大利亚客户做过生意。第三天，大概是澳大利亚的货代告诉了他有其他的澳大利亚买家在询问这批货，他有点紧张了。在沉默了一个多月后，他终于实施了他“蓄谋已久”的计划，同时给我发了紧急传真和邮件。

客户的回复

Dear Sunny,

Business is now rather difficult, it goes pretty tough day to day. I was full of confidence in attending shoes show abroad but failed to accomplish the purpose desired. That is the reason I never responded your messages. Sorry, Sunny. Almost every month I have to pay off a sizeable amount for dozens of containers. Borrow from Peter to pay Paul that reminds me of an old saying of “Money Talks”. So I often ask for help from suppliers to tide me over until I recall the part of currency issued. If you give 2% discount of the total sum of pro-mountain booties to me, I shall arrange the remittance immediately. Thank you for your cooperation in this matter. Please confirm by return.

Best wishes,

Stephen

我认为，做生意应该讲原则、讲信用。既然大家签好的协议是见到提单传真件后两周内汇款，即使客户真有困难，也可以把问题提出来协商，只要诚心诚意，总会有解决的办法，不应该这样把我晾在那里一个多月，也不给予答复。不管是国内还是国外，7 万多美元均不是个小数目，即便老板不追究责任，作为当事人在精神上也很难承受。

于是我只在传真上签了如下的几个字。

我的回复

CFM. TTL SUM OF T/T: $72 000(DDT 2% DISCOUNT) + $450(INSPTN COSTS) = $72 450.

PLS ARRANGE T/T ASAP, IN ORDER TO OUR T/R.

回完传真后，我跟老板通了电话告知此事并说明了我的计划。老板同意这样处理，只是说最好别闹翻了，因为这个客户后续订的几款产品，我们正在打样。我跟老板说我会掌握分寸的。然后我给香港办事处的经理打了电话，说如果收到客户的汇款单据先不用急着电放或寄出提单，等我进一步的通知。

客户收到我回签的传真后非常高兴，第二天就把钱汇出来了。但我也消失了 3 天。在这 3 天中，客户打电话我未接，传真也没回，他打电话给香港办事处经理，香港办事处的经理回答说提单在我手里，他也不知道我去哪儿了。3 天后，我给客户分别发了传真及邮件。

我的回复

Dear Stephen,

I had to run away from my creditor whom I made a usurious loan. Since I swallowed your promise of paying the rest within two weeks, I signed an agreement with factory without permission of my boss that we would pay off the balance after three weeks of delivery. The mischief of this case was that you didn't keep your promise, I had no choice but to go to the Jews in order to keep my words to factory. My company could do nothing for me under such circumstance. Now the interest of usury is moving up to $3 000.

Whoever will be accountable for one's actions, and so do we! I will not release the B/L till you pay off the interest of $3 000, because you wreaked the mischance. Please note, thanks!

Sunny

客户收到传真后，打电话来跟我吵了很久。我说我是答应给你2%的折扣，但我并没有答应你不用支付延期付款的利息，这件事情给我精神上也造成很大伤害，我又怎么跟你算呢？最后他也没办法，只好同意再付3 000美元。

这件事情过去一周后，我主动给客户写了一封邮件谈及有关新款产品打样确认的事情。在邮件的最后，我加了一句："Let's get over bygones, embrace the future!"客户在回信中也表示，非常愿意跟我合作及交朋友，希望大家都不要再提及过去的事情。

总结

在国际贸易中，以 D/P 或后 T/T 结算时一定要说服客户预付订金，不然遇到问题时会非常被动。遇到客户不提货时，应立即找当地的其他客户，尽量多找几家，并故意让原来的买方知道此事，“逼”其出手，再见招拆招。

第九节　全力协助客户解决问题

一日，我像往常一样打开自己的邮箱，发现一封陌生的邮件，内容如下。

客户的来信

Dear Madam or Sir,

I got your contact address from the Internet here in Middle East when I plan to attend one exhibition in Shanghai, I hope to visit your company passingly.

Hoping for your favourable reply.

Best regards,

×××

这个客户没有任何自我介绍，只是简单地说要顺便来我们公司参观。我也没在意，只是回复说欢迎来我们公司参观。一周后，我又收到了来自这个客户的邮件。

客户的来信

Dear Mr. Liu,

I have tried to phone you today but you didn't answer my call. Kindly reply me for visit invitation issue in order to present it to Chinese consulate because that our country origin can not travel to China without invitation. I hope you can reply me as soon as you can.

Best regards,

×××

客户要求我们公司发加盖他们国家驻中国使馆公章的邀请函，否则他无法来中国。这让我有些不快，因为有些客户会借你的邀请函来中国，但不是与你谈生意，而是另有他用。但我还是照做了，只不过我只发给他加盖了我们公司公章的邀请函。

有些非洲或中东国家的客户来中国，需要我们向他们发出邀请函，一般情况下只加盖公司公章即可，这样方便客户办理签证。有些国家的客户来华的邀请函则比较麻烦，需要贸易双方往来资料证明、被邀请单位资质情况、被邀请人有效护照复印件以及国内邀请单位出具的责任担保书等。

两天后，客户说他在上海，后天要来杭州。来杭州那天上午，客户用手机发来他所乘坐车次的短信，我准时赶到车站。在出站口，一高一矮两位中东客户冲我打招呼。高个子的是总经理，矮个子的是助理。

由于他们初次来杭州，因此我特意开车绕西湖一圈，带他们看看杭州的景色。到了公司，我为他们每人准备了一杯龙井绿茶外加一瓶矿泉水，没想到他们对绿茶挺感兴趣，喝过后冲我竖起大拇指。

我们寒暄了几句便切入正题。那个助理第一句话就问我知不知道 X 公司。X 公司是国内行业老大，不清楚是不可能的。我点点头，说 X 公司是一家知名度较高的公司，其他的便没有再说。接着我便介绍我们公司，着重针对 X 公司谈了我们独有的优势，并顺便提了一句 X 公司的一些产品是在我们这里开发的。这让本来有点漫不经心的客户伸长了脖子。他们就宣传册上的某些产品提出了问题，我一边做标记一边耐心地回答。从他们的问题中我感觉出这两位客户是专业的买家，这让我更加重视他们。

接着我带这两位客户参观了我们的工厂，我已经提前通知厂长有客户来访。客户边看边问，并引用专业术语，我都谨慎地做了回答。参观后我们回到接待室。客户就几款产品提出他们的想法，询问能否做一下改变，以适应他们的市场。我立即叫来我们的工程师，经过讨论，我们完全可以满足客户的要求。客户对此表示满意，并表示回去后会下试单。

客户回国后不久便发来邮件，说非常感谢我的招待并对我们公司的产品总体感到满意，他们的代理商在 E 国，他们已经通知代理商与我联系。

很快，E 国的代理商 Ked 来信说他从事该行业 20 余年，在中东有良好的渠道，S 国客户仅是他的一个小客户。他现在代理 X 公司的产品，问我们公司与 X 公司相比，我们有哪些优势，这样他可给他的客户推荐我们公司。我的答复如下。

我的回复

a. Company kind. Our company is a private company, while X is a state company. In some business operation, we are more flexible than it, including dealing with the problem.

b. Company development. We are a rising company, our global marketing is from strength to strength. Many customers buy our products instead of X, especially in Europe. This year we will export 1 000 sets goods to Europe. Contrarily, X hits the skids. Reportedly, its leadership such as general manager has already left the company.

c. Product price. I think you know that the price of X's product is very high. The important reason is—it overstaffed too many staffers.

d. Product quality. We always pay more attention to the product quality. We have obvious advantage in R&D.

e. After sales service. The guarantee term is 12 months. We supply 2%～3% spare parts free charge while X can't do it.

我首先就提到了公司性质，因为公司性质决定了公司的办事效率，我们公司在遇到问题时处理起来更灵活。

接着我告诉代理商我们公司处于上升发展阶段，比如新产品不断增加、合作伙伴不断增多，这说明和我们公司合作的前景很广。

最后，围绕产品，我提出我们的产品不仅价格便宜，质量有保障，连售后服务也更好。

Ked 收到我的答复后，先就某几款产品各订了一台。支付方式为前 T/T，运费到付，并提供了 Aramex 的账号。但我们公司的代理商告诉我，Aramex 为中东一家快递公司，不如 DHL、Fedex 及 UPS 那么有实力，如果客户拒收货物，那么往返的运费将由我们承担。我立即告诉客户，Aramex 公司在我们这里没有办事处，能否把运费预付给我们，这样会为客户节省一些运输费用。客户来邮件说他们在上海有一家货代，可以代理。联系上客户的货代，货代说客户已经告诉他这件事情，决定走空运。这样一来，我们必须报关，产品要做商检，还要进舱，费用就会增加。我计算了一下，还亏损，但为了长远考虑也答应了。次日，客户便将银行汇款底单传真给我们，于是我便安排生产、报检，让代理商开始准备报关等事宜。一周时间所有事情就绪，客户的货款到账，我们也顺利地把货发出去了。

接下来便是漫长的等待。半个多月后 Ked 来邮件说，客户认可我们的产品，先就某款产品订购 200 台，S 国的客户也订购 30 台。然而他的话题一转，说“Kindly be advised that our company policy forbids us to T/T in advance amounts more than 5 000 USD so instead of that we work under CAD SYSTEM (cash against documents)”。

我的代理商告诉我，在付款问题上要特别注意。于是我回复说，我们是一家工厂，S 国的客户也代表你参观了我们工厂，知道我们不是一家贸易商，我们希望和你们做长期生意，另外我们公司规定 10 万美元以下必须做前 T/T。

经过几轮邮件谈判，我仍坚持自己的底线，不过在价格上做了一点点让步。Ked 说这批货很急，货款到后要立即发货，并在邮件中提及要以 SKD（半散装件）方式而非 CBU（整机）方式出口。我答应了，但当时的我没有细究 SKD 和 CBU 的区别，这也为后续的订单履行带来了一个大麻烦。

银行汇款底单一到，我便立即安排生产和报检，代理商也着手准备报关等手续。一切就绪后，客户的货款迟迟不到账。我检查了银行汇款底单，也不像有作假的可能，再者客户也没有必要和我们开这样的玩笑。我发邮件催促 Ked，但他突然如失踪一样，邮件不回，MSN 和 Skype 都不在线。我有点抓狂，货在仓库已经备好，因为当初应 Ked 的要求对产品做了一些改变，如果他不要，也很难卖给其他客户。我每天一封邮件，同时保证 MSN 和 Skype 一直在线，生怕错过 Ked 的回复。一直得不到回复，我的心开始一点点下沉，后悔当初没有收订金。一周后，Ked 终于回复邮件，说他们刚过完斋月节，没有上班，银行人员每天只上两个小时班，他已经催促过银行。我的心总算有点着落，两天后代理商告诉我货款已到账。于是我通知 Ked 的货代订舱，以便及时发货。

因为是空运，所以能赶上要求的日期，我为自己的快速发货感到得意，觉得客户肯定会满意。空运后第三天，我的 MSN 和 Skype 同时出现了和 Ked 的对话框，Ked 劈头盖脸问我："你怎么搞的，告诉你以 SKD 的方式出口，现在我们不能清关，你说怎么办?"

我一下子蒙了，立即到百度上搜索 SKD，原来 SKD 是 Semi Knocked Down（半散装件）的缩写。我们的产品以前全是成品出品，因为出厂前要经过调试，非专业人员无法调好。这次也一样，但这显然不符合 Ked 的要求。

"怎么办?"我很紧张。

"你还犯了一个致命的错误，你怎么将发往 S 国的货也一同发过来了?"

我又遭了当头一棒。当时 S 国客户将货款汇过来便没了音信，我问了 Ked，他对这件货也没有回复。我以为货先发给他，然后再由他转给 S 国客户，便想当然地一同发出去了。

"怎么办?"我简直要崩溃了。

"退回来怎么样?"Ked 问了一句。

退回来拆散重新发货，虽是一个办法，但昂贵的往返空运费需要我们承担，再加上繁杂的海关手续，并非一件易事。我沉默了，不敢轻易答复。

“你在线等我半小时。”Ked 打了一行字。

漫长的半小时过去了，Ked 还没有回应。已经是夜里 11 点多了，我没有丝毫睡意。又过了二十多分钟，他终于回复了。

“有一个办法可以不用退货。”Ked 说。我如抓住一根救命稻草。

“因为目前的收货人是我们工厂，只能进口半散装件，可将收货人改成我们的贸易公司，这样就可以清关了。”

“太好了！”我几乎跳了起来。

“但你们需要办理加盖我国驻贵国大使馆的原产地证，以及其他一些单据。”Ked 说。

“好的，我明天就让我们代理商去办理，另外发往 S 国的货怎么办?”

“你说怎么办? 难道让我做出口商出口到 S 国吗? 你赶紧再做一批，直接发到 S 国。等一下，我把我们贸易公司的名字及联系方式，还有相关的单据发给你。”Ked 说完就离线了。

又等了将近一个小时，Ked 终于发来了一些单据，包括形式发票、发票及箱单，收货人改成了贸易公司，而且价格大幅降低。Ked 告诉我这是为了减少清关费用，并且告诉我要将形式发票号码和发票号码都写在原产地证上。

我几乎一夜没睡觉，一大早便打电话给代理商讨论办原产地证的事。代理商说办理这样的认证一般需要两周左右，且费用较高，要 1 000 多元人民币。我一下子傻了眼，费用倒是其次，这样一来就要等到两周后才能提货，可滞留费怎么办? 没办法，先去办原产地证再说吧。下午，代理商告诉我原产地证号码栏里输入不了两个号码，留的地方不够。按代理商的意思，形式发票是没有什么用处的，发票才是清关必须的。于是我听取了代理商的意见。

晚上等 Ked 上线后，我告诉他需要两周左右的时间才能办好。他说没办法也只有这样了。

“发生这样的事情我非常难过，我们会尽快赶做 S 国客户的货。为表歉意，货款请少付 200 美元，尽管那是我一个月的工资。”因为是我的疏忽导致了现在的问题，所以我心怀愧疚。

“我的兄弟，一码归一码，我只希望今后避免发生类似的事情。”Ked 倒很诚恳。不过后来他还是少汇了 200 美元。

一周后，原产地证便办下来了，我立即将原产地证图片在线传给 Ked，他问我：“原产地证上怎么没有形式发票号码?”

“我们代理商说原产地证上输入不了那么多字。”

“看来你们应该更换代理商了，我不是一再强调要填上形式发票号码吗?”看来 Ked 愤怒了。

“按道理讲，发票更重要，形式发票只是我们之间的事情，与海关应该没什么关系。”我感觉 Ked 有点无理取闹。

“你没有注意到形式发票上有发票号码？这是为了让海关相信价格是真实的。”

“这么说来，我们又要重新去申请原产地证了?”我也有点郁闷。

“是的。另外，忘记告诉你我们已经将货提出来了。”

“货都取了还要这些单据做什么?”我以为 Ked 是在耍我。

“可我在海关交了几万美元的保证金，我必须拿你的单据去赎回。”看来我误解了 Ked。

“那好，明天我让代理商再去办理，尽管又要花费一笔钱。最后和你确认，是不是原产地证上只有形式发票号码就可以了?”我必须让 Ked 保证，否则再出什么差错的话又要增加花费了。

“我以上帝的名义保证，就是那样。”Ked 十分严肃。

半个月后，Ked 兴冲冲地告诉我他赎回了保证金，感谢我对他的支持。Ked 倒挺有意思，是我的错他反而来谢我。

后来 Ked 来中国，我盛情款待了他。他很开心，希望我早日到他们国家去转转，也尽一下地主之谊。后来 Ked 成为我最忠诚、业务量最大的客户之一。

总结

和 Ked 的合作过程可以用“先苦后甜”四个字概括。现在想来，起初的不顺倒是件好事，因为客户知道了我处理问题的诚意和积极的态度，我也取得了客户的信任。尽管开局不顺，客户仍向我下订单。“做人要厚道”在生意场上也是适用的。这中间还有一段插曲，Ked 让我帮他找一款我们不生产的同类产品，我认真地帮他找了一家不错的供应商，并促使他们逐步建立了合作关系。后来这个供应商竟也向他的客户推荐我们公司的产品，并带客户来我们公司参观，其间这个供应商告诉我 Ked 曾试探性地问他是否给了我介绍费，当然他断然否认，并在 Ked 面前说了我很多好话。这让 Ked 对我的人品深信不疑，继续向我订货。世界很大，我们的行业圈子很小，好的口碑会让自己受益一生。

对于外贸新人，寻找客户是一件辛苦的事情，但一旦有客户出现，就需要想尽办法留住客户，否则就会前功尽弃。对于新客户，尤其是要来厂参观的潜在客户，一定要予以重视，做好各项准备，清楚了解客户对产品及其他方面的要求并严格按照要求执行。产品卖出之后不是结束，而是开始，做好售后服务工作，解决客户后顾之忧，才能与客户建立长久的合作关系。与客户建立初步合作之后，要与客户保持联系，即便他目前不订货，和客户建立既是商业伙伴又是朋友的关系也很重要。

后 记

POSTSCRIPT

尽管近年来外贸发展面临巨大挑战，包括经济下行、行业竞争以及成本上升等，但我们不应放弃对未来的憧憬，而是应该积极应对，寻找新的发展机遇。例如，小额批发和跨境电商零售是外贸的新趋势，但传统外贸依然是至关重要的一环。我们需要更开放的态度，以应对外部环境的变化。在全球经济放缓的背景下，我们可能会面临更多的不确定性，但我们不应该失去信心和勇气，只要我们坚持努力，就一定能够走出困境。希望所有外贸人能够共勉之，共同克服困难。